# Spielen

## wie die Kinder früher

REGIONALIA
VERLAG

Gisela Muhr, Spielen wie die Kinder früher

4. Auflage 2025

Regionalia Verlag,
ein Imprint der Kraterleuchten GmbH, Gartenstraße 3, 54550 Daun

Bei Fragen zur Produktsicherheit wenden Sie sich an:
gpsr@kraterleuchten.com

Illustrationen von Nuesret Kaymak, Aachen
Einbandgestaltung: Lydia Muhr, Liga-Medien, Niederkassel

Hergestellt in der Europäischen Union, Finidr, CZ

ISBN 978-3-95540-280-8

www.regionalia-verlag.de

# Inhalt

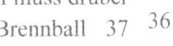

# Spiele für drinnen 71

# Vorwort

Wer von den Erwachsenen erinnert sich nicht gerne an seine Kindheit zurück, als Spielen noch das Zusammentreffen mit anderen Kindern an der frischen Luft oder im eigenen Kinderzimmer bedeutete? Wie schön war es doch, sich nach der Schule mit den Spielkameraden zu verabreden, herumzutollen und die Zeit beim Spielen zu vergessen.

Es gab keine Computer – und trotzdem stets zu wenig Zeit, all das zu spielen, was den Kindern in den Sinn kam.

Die in diesem Buch beschriebenen Spiele sind sicherlich vielen Eltern und Großeltern noch aus der eigenen Kindheit bekannt und lassen auch deren Spiellust wieder aufkeimen. Viele dieser Spiele können von Kindern und Erwachsenen auch gemeinsam gespielt werden. Ihr Kinder, besiegt eure Eltern bei Wettkämpfen wie Tauziehen, Dosenwettlauf oder Wäscheklammerraub!

Es ist schon seltsam: Die Kinderzimmer sind oft überfüllt mit Spielsachen – viele aus Plastik, so dass man sich fragt, was diese überhaupt noch wert sind – und dennoch wächst die Unlust, überhaupt etwas damit zu spielen und Langeweile kommt auf.

Diese Unlust durch Überflutung und Überreizung kennt heutzutage jede und jeder. Da gilt es, mit Freundinnen, Freunden und Klassenkameraden zusammen etwas zu tun. Es ist halt schöner, *miteinander* zu spielen und nicht alleine!

Natürlich nicht immer, aber oft genug!

Die Spiele von früher zeichnete aus, dass man dafür kein Geld brauchte. Brett- und Computer-spiele sind heute in der Anschaffung für gewöhnlich sehr teuer und deshalb muss manches Kind erst den nächsten Geburtstag oder das Weihnachtsfest abwarten, bis es damit spielen kann.

Dieses Buch zeigt, wie es möglich ist, mit kleinsten Mitteln interessante und abwechslungsreiche Spiele in die Tat umzusetzen. Hier wird mit Zeitungspapier, Steinen, Knöpfen, Papier oder Stift gespielt – also mit allem, was man sowieso im Haushalt hat. Doch oft braucht man noch nicht einmal diese Kleinigkeiten – man braucht nur die Ideen und die Spielregeln; man braucht die Erinnerungen an die vielen Spiele aus der Zeit der Eltern und Großeltern.

Und diese bietet dieses Buch zuhauf!

Viel Spaß damit!

# Spiele für draußen

Lasst uns raus gehen, das Wetter ist so schön!
Lasst und Freundinnen und Freunde anrufen, wir können draußen
zusammen spielen!
Aber was? Vielleicht Eierlaufen, Dosenwettlauf oder Sackhüpfen?
Sollen wir das einmal ausprobieren?
Auf den nächsten Seiten dieses Buches gibt es jede Menge Spiele für draußen.
Zum Glück gibt es heute wieder mehr verkehrsberuhigte Straßen,
manche Freundinnen und Freunde haben zuhause einen Garten – und ein Park ist
bestimmt in der Nähe. Hauptsache, raus gehen und spielen!

# Für flinke Beine -
# Laufspiele

# Der Plumpsack geht um

Ein Spiel für mindestens fünf aufmerksame und schnelle Kinder

### Zum Spiel benötigt man:
ein Steinchen oder ein Taschentuch

### Spielbeginn:
Zuerst wird durch Abzählen ein Kind ermittelt, welches der erste Läufer ist.

### Das Spiel:
Die übrigen Kinder setzen sich zu einem Kreis zusammen und singen:
"Dreht euch nicht um, denn der Plumpsack geht um, wer sich umdreht oder lacht,
dem wird der Buckel schwarz gemacht."

Während die Kinder singen, geht der erste Läufer außen um den Kreis herum
und lässt den Plumpsack (Steinchen oder Taschentuch) möglichst unauffällig hinter
einen der Mitspieler fallen. Wenn dieser dann den Plumpsack hinter sich bemerkt,
muss er schnell aufstehen, den Plumpsack aufheben und den Läufer fangen,
damit dieser den frei gewordenen Platz nicht besetzen kann. Gelingt es dem Kind,
den Läufer zu fangen, muss dieser erneut den Plumpsack umgehen lassen.
Erreicht der Läufer allerdings zuerst den frei gewordenen Platz im Kreis,
ist das andere Kind der nächste Läufer.

### Spielregel:
Wenn das Kind den Plumpssack hinter seinem Rücken allerdings nicht
bemerkt, wird es automatisch zum nächsten Läufer und muss den Plumpsack
umgehen lassen.

# Blinzeln

## Ein flottes Spiel für mindestens sieben Spieler

### Spielbeginn:
Die Kinder werden in Pärchen aufgeteilt, bis auf einen Einzelspieler.

### Das Spiel:
Die Pärchen setzten sich hintereinander zu einem Kreis zusammen.
Der Einzelspieler setzt sich alleine so in den Kreis, dass der Platz vor ihm frei bleibt. Nun muss sich dieser Spieler einen Partner suchen. Dazu blinzelt er einen Mitspieler seiner Wahl in der ersten Reihe an. Das angeblinzelte Kind muss dann aufspringen und versuchen, zu dem Einzelspieler zu laufen.

Die Spieler in der Außenreihe müssen dabei sehr aufmerksam sein und ihren jeweiligen Partner festhalten, damit der nicht weg laufen kann, wenn er angeblinzelt wird. An der Reihe ist immer der Spieler, vor dem sich kein Partner befindet.

### Spielregel:
Es ist ausreichend, dass der „Hintermann" seinen Partner nur leicht an der Schulter festhält, wenn er bemerkt, dass der Mitspieler angeblinzelt wurde. Der Partner muss dann sitzen bleiben. Raufen und Losreißen ist nicht erlaubt.

# Kettenfangen

### Ein Spiel für möglichst viele schnelle und ausdauernde Läufer

### Spielbeginn:
Zuerst werden durch Auszählen zwei Fänger ausgewählt.

### Das Spiel:
Diese beiden Fänger bilden nun den Anfang einer Kette und nehmen sich an den Händen. Sie müssen sich festhalten und dürfen nur gemeinsam laufen. Nun startet das rasante Fangen.
Die beiden laufen los und versuchen, ein weiteres Kind zu fangen. Dieses Kind muss sich dann am Ende der Kette eingliedern. Nun läuft die Kette schon zu dritt und versucht wieder, ein Kind zu fangen.

### Spielregel:
Fangen dürfen jeweils nur die beiden Kinder am Ende der Kette und diese darf nicht abreißen. Reißt die Kette, muss sie so schnell wie möglich wieder zusammenfinden, da solange niemand gefangen werden darf.Sind alle Spieler in der Kette gefangen worden, beginnt das Spiel von vorne.

# Chinesische Mauer

## Ein Spiel für mindestens fünf schnelle Läufer

### Zum Spiel benötigt man:
zwei lange Seile

### Spielbeginn:
Ein rechteckiges Spielfeld wird in zwei gleich große Bereiche eingeteilt. Die Seile werden parallel in einem etwa 1 Meter breiten Abstand als Grenzlinie zwischen den beiden Bereichen gelegt und bilden die Mauer.
Durch Auszählen wird ein Spieler ermittelt, welcher der Fänger ist.

### Das Spiel:
Der Fänger steht auf der Grenzlinie, er ist Teil der Chinesischen Mauer.
Die anderen Spieler müssen nun versuchen, von einem Ende des Spielfeldes zum anderen Ende zu gelangen. Dazu laufen alle gemeinsam los und überqueren dabei die Mauer.

Der Fänger muss dabei so viele andere Spieler wie möglich erwischen. Er darf sich dabei aber nur entlang bzw. innerhalb der Mauer bewegen. Wer gefangen ist, wird zu einem Teil der Mauer und ist dann ebenfalls Fänger. Anschließend laufen die noch freien Spieler wieder ans andere Ende "über die Mauer". Sind alle Spieler gefangen, beginnt das Spiel erneut und ein anderer Fänger muss ermittelt werden.

# Dosenwettlauf

### Spielen kann man ab zwei Läufern -
### aber je mehr Kinder mitlaufen, desto schöner ist dieses Spiel

### Zum Spiel benötigt man:
pro Spieler zwei leere Dosen

### Spielbeginn:
Zum Dosenwettlauf benötigt jedes Kind zwei stabile leere Dosen. Dabei muss die Dosenöffnung nach unten zeigen. Oben, kurz unterhalb des Dosenbodens, werden zwei gegenüberliegende Löcher in die Dosenwand gebohrt. Durch die Löcher zieht man eine längere Schnur, die als Haltegriff für den Dosenläufer dient.

Als Spielfeld dient eine gerade, beliebig lange Fläche, die mit einer Start- und Ziellinie versehen wird.

### Das Spiel:
Die Kinder steigen auf die Dosen und spannen mit den Händen die Schnüre, sodass sie auf den Dosen laufen können. Auf ein Kommando laufen die Spieler los. Wer zuerst die Ziellinie überquert, hat den Dosenwettlauf gewonnen.

### Spielregel:
Wer beim Dosenwettlauf hinfällt, muss zur Startlinie zurückkehren und von dort erneut loslaufen.

# Eckenfangen

## Ein Spiel für mindestens acht Kinder

### Zum Spiel benötigt man:
Gegenstände (z. B. Steine, Jacken oder anderes) zum Abgrenzen des Spielfeldes

### Spielbeginn:
Zuerst werden vier Mitspieler als Fänger ausgezählt. Das beliebig große Spielfeld wird mit den ausgesuchten Gegenständen an vier Ecken markiert.

### Das Spiel:
Jedem Fänger wird eine Ecke zugeteilt. Die Fänger müssen nun versuchen, die Mitspieler zu fangen. Die Kinder dürfen sich nur innerhalb des Spielfeldes bewegen.Wird ein Mitspieler von einem Fänger gefasst, muss er selbständig in die Ecke gehen, die ihm vom Fänger gezeigt wird. Allerdings haben die Fänger nicht nur die Aufgabe, die Mitspieler zu fangen, sie müssen diese darüber hinaus auch bewachen.
Denn die Spieler, die noch nicht erwischt wurden, haben durch Abschlagen die Möglichkeit, die bereits gefangenen Läufer wieder zu befreien.
Wer die meisten Gefangenen in seiner Ecke gesammelt hat, ist Sieger des Spiels.

### Spielregel:
Das Spiel sollte zeitlich begrenzt werden, da es sich sonst durch das Abschlagen zu lange hinziehen kann.

# Eierlaufen

**Ein Spiel für mindestens sechs schnelle Geschicklichkeitsläufer**

### Zum Spiel benötigt man:
für jeden Spieler einen Löffel und ein rohes Ei

### Spielbeginn:
Die Kinder bestimmen ein Spielfeld mit Start- und Ziellinie.

### Das Spiel:
Die Kinder stellen sich an der Starlinie auf. Jedes Kind hat einen Löffel mit einem darauf befindlichen Ei in der Hand. Nun müssen die Kinder auf ein Kommando loslaufen und von der Startlinie zu der Ziellinie laufen. Wer zuerst durch das Ziel läuft und sein Ei dabei nicht verloren hat, ist der Sieger.

### Spielregel:
Wenn das Ei während des Laufens vom Löffel fällt und nicht zerbricht, kann es der Spieler wieder auf den Löffel setzen, dieser zur Startlinie zurückkehren und erneut loslaufen. Ist das Ei jedoch kaputt, scheidet der Spieler aus.
Für dieses Spiel eignen sich anstelle von Eiern auch andere Gegenstände.
Zum Beispiel kann ein Tischtennisball das Ei ersetzen, um nicht unnötig Lebensmittel zu verschwenden.

# Wäscheklammerjagd

## Ein rasantes Spiel für beliebig viele Kinder

### Zum Spiel benötigt man:
für jedes Kind sechs Wäscheklammern

### Spielbeginn:
Bevor das Spiel beginnt, sollte ein Spielfeld eingegrenzt werden, damit sich die Kinder nur in dieser Begrenzung aufhalten können. Jeder Mitspieler erhält sechs Wäscheklammern, die er an seiner Kleidung befestigt.

### Das Spiel:
Alle Kinder laufen auf dem Spielfeld herum und versuchen den Mitspielern so viele Klammern wie möglich zu rauben. Klammern wegnehmen ist solange möglich, wie man selbst noch Klammern hat. Hat ein Mitspieler seine Klammern eingebüßt, muss er das Spielfeld verlassen und darf erst in der nächsten Runde wieder mitspielen. Gewonnen hat das Kind mit den meisten Klammern.

### Spielregel:
Die Wäscheklammerjagd sollte zeitlich begrenzt werden, da die Klammern ansonsten zu häufig die Besitzer wechseln könnten und das Spiel nicht endet. Rempeln und nach den Mitspielern schlagen, um den Raub der Klammern zu verhindern, ist nicht erlaubt.

# König der Kinder

**Ein lustiges Spiel (weil die Kinder mehr darauf achten, ihre Krone nicht zu verlieren, als dass sie gefangen werden könnten) für vier und mehr Kinder**

**Zum Spiel benötigt man:**
eine aus Zeitungspapier gefertigte „Krone"

So ein Hut aus Zeitungspapier ist auch praktisch, wenn man nicht „König der Kinder" spielt. Denn er kann außerdem als Sonnenhut, Piratenhut oder – mit einer Feder geschmückt – als Hut eines Musketiers verwendet werden.

1. Man braucht nur eine Zeitungspapierseite (keine Doppelseite).
Die Seite wird einmal in der Höhe zu einer Doppelseite gefaltet. Man klappt das Papier noch einmal zusammen und wieder auseinander, damit eine Mittellinie entsteht. Die beiden oberen Ecken werden zur Mittellinie geknickt.

Dann faltet man die untere Lasche nach oben, wendet den Hut und knickt die zweite Lasche ebenfalls nach oben.

2. Die hoch stehenden Ecken werden nach hinten geknickt, dann wendet man den Hut und wiederholt den Vorgang mit den beiden restlichen Ecken.

3. Man sollte alle Kanten noch einmal mit dem Fingernagel falzen, damit der Hut stabiler ist!

**Spielbeginn:**
Ein Kind wird mit einer Krone aus Papier zum König gekrönt.

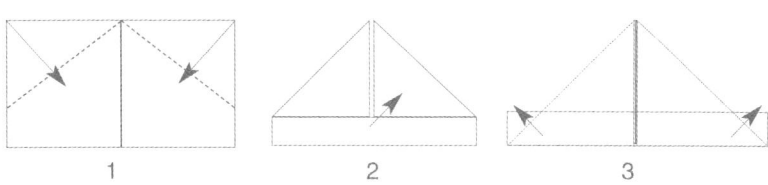

1          2          3

### Das Spiel:

Die anderen Kinder müssen sich im Kreis aufstellen und der König geht hinter ihrem Rücken im Uhrzeigersinn um den Kreis herum. Bei einem Kind seiner Wahl bleibt er kurz stehen und gibt ihm einen kleinen Klaps auf den Rücken. Dann muss der König so schnell er kann loslaufen und das von ihm ausgewählte Kind muss versuchen, ihn zu fangen. Schafft es der König, an den frei gewordenen Platz zu kommen und sich dort hinzustellen, bleibt er König und das Spiel fängt wieder von vorne an. Wird er aber eingeholt und gefangen, muss er den Platz des Auserwählten einnehmen und der Fänger darf nun König sein.

# Flusskrokodile

## Ein Spiel für drei oder mehrere Kinder

### Zum Spiel benötigt man:
eine Zeitung
Gegenstände (Steinchen) zur Begrenzung des Spielfeldes

### Spielbeginn:
Zuerst ermittelt man die „Krokodile". Dazu werden ein bis drei Kinder
ausgezählt. Die Anzahl der Krokodile richtet sich nach der
Anzahl der Mitspieler: Je mehr Kinder mitspielen, umso mehr
Krokodile werden benötigt. Ein beliebig großes Spielfeld
(auch die Größe des Spielfeldes richtet sich nach der Anzahl der
Mitspieler) sollte mit den ausgesuchten Gegenständen begrenzt und mit Start- und
Ziellinie versehen werden.

### Das Spiel:
Alle Spieler, außer den Krokodilen, erhalten jeweils ein Stück Zeitung.
Diese Spieler müssen nun das Spielfeld, den Fluss, von einem Ende zum anderen
Ende „überqueren". Sie dürfen den Fluss aber nur betreten, wenn sie zuvor ein
Stück Zeitung unter die Füße gelegt haben. Die Aufgabe der Krokodile besteht
darin, die Flussüberquerung zu verhindern. Sie „fressen" mit Vorliebe das Zeitungspapier, dürfen aber nur zuschnappen (also zerknüllen und beiseite werfen), wenn
ein Papier nicht besetzt ist. Solange ein Mitspieler auf dem Zeitungsblatt steht oder
dieses mit der Hand berührt, ist es tabu. Gelingt es dem Krokodil,
die Zeitung zu „fressen", muss der Spieler das Feld verlassen und scheidet bis zur
nächsten Runde aus.

### Spielregel:
Das Verschieben der Zeitungsblätter auf dem Boden ist verboten!
Sie müssen zuerst mit der Hand hochgehoben und dann
woanders platziert werden.

# Hase und Jäger

**Ein Spiel für mindestens vier Kinder**

**Zum Spiel benötigt man:**
einen weichen Ball

**Spielbeginn:**
Zuerst wird ein Kind ausgezählt, welches der Jäger ist. Der Jäger erhält den Ball. Das Spielfeld sollte eingegrenzt werden, damit die Hasen (die übrigen Mitspieler) nicht zu weit weg laufen können.

**Das Spiel:**
Die Hasen laufen innerhalb des Spielfeldes hin und her. Der Jäger muss nun versuchen, mit dem Ball die Hasen zu treffen. Gelingt ihm das, wird der getroffene Hase ebenfalls zum Jäger.

Sobald zwei Jäger auf dem Feld sind, können sich diese den Ball gegenseitig zuspielen, um näher an die Hasen heranzukommen und diese dann abzuwerfen. Dabei ist es den Jägern allerdings nicht gestattet, mit dem Ball in der Hand mehr als drei Schritte hintereinander zu laufen. Bevor der vierte Schritt getan ist, muss der Ball entweder einen Hasen getroffen haben oder einem anderen Jäger zugeworfen worden sein. Sind alle Hasen getroffen, endet das Spiel. Der zuletzt getroffene oder der letzte verbliebene Hase wird im nächsten Spiel der Jäger.

# Ich führe dich

Ein Spiel, bei dem man sich vertrauen muss –
für wenigstens vier Kinder

### Zum Spiel benötigt man:
Augenbinden (Schal)
Gegenstände zum Aufbauen eines Hindernisparcours (Jacken, Schuhe, Steine, Seile etc.)

### Spielbeginn:
Zuerst wird das Spielfeld vorbereitet. Dazu muss eine Start- und Ziellinie markiert
und das Spielfeld mit Kleidungsstücken oder anderen Gegenständen zu einem Par-
cours umgebaut werden. Im eigenen Garten kann man auch Stühle aufbauen.
Danach sollten die Kinder Zweierpaare bilden.

Bei einer ungeraden Anzahl an Mitspielern ist das Kind ohne Partner in der ersten
Runde der Schiedsrichter.

### Das Spiel:
Die Paare stellen sich an der Startlinie auf. Die jeweiligen Partner verbinden ihren
Mitspielern die Augen und haben nun die Aufgabe, diese über den Hindernisparcours zu der Ziellinie zu führen. Das Paar, welches als erste die Ziellinie erreicht,
hat gewonnen. Die Kinder tauschen die Rollen und das Spiel beginnt von vorne.

### Spielregel:
Bei diesem Spiel ist es wichtig, den Partner, dessen Augen verbunden sind, nicht in
die Irre zu führen. Man muss darauf achten (auch wenn es noch so lustig sein mag),
den blinden Partner nicht gegen Hindernisse laufen zu lassen. Sollte dies jedoch aus
Absicht geschehen und vom Schiedsrichter bemerkt werden, muss der „Übeltäter"
das Spielfeld verlassen und darf erst in der nächsten Runde wieder mitspielen.

# Die Post ist da

**Ein schnelles Spiel für vier und mehr Kinder**

**Spielbeginn:**
Ein Kind wird zum Postboten gewählt, ein anderes zum Spielleiter.

**Das Spiel:**
Alle Spieler setzen sich im Kreis auf dem Boden und nehmen jeweils verschiedene Städtenamen an.

Der Spielleiter ruft z. B.: „Die Post geht von Hamburg nach München".
Die Spieler, deren Städtenamen aufgerufen wurden, müssen nun blitzschnell aufstehen und die Plätze tauschen. Der Postbote versucht dabei, eine der beiden „Städte" zu fangen. Schafft er das, werden die Rollen getauscht.

Ruft der Spielleiter „Post", müssen alle aufspringen und die Plätze tauschen.

# Verstecken

**Ein Spiel, bei dem beliebig viele Kinder mitspielen können**

### Zum Spiel benötigt man:
ein Spielfeld, das möglichst viele Versteckmöglichkeiten
(Sträucher, Bäume etc.) bietet

### Spielbeginn:
Es wird ein Mitspieler ausgewählt, der als erster die anderen Kinder
in ihren Verstecken suchen muss. Dieses Kind ist der Sucher.

### Das Spiel:
Der Sucher stellt sich an eine bestimmte Stelle (geeignet sind
beispielsweise Bäume) und hält sich die Augen zu. Dann sagt er einen Reim auf –
z. B.:„Ich zähle nur bis zehn, dann darf ich keinen sehn (er zählt dann langsam bis
zehn) vor mir, hinter mir und neben mir, da gilt es nicht, ich komme!"
Während der Sucher seinen Reim aufzählt, müssen sich die übrigen Spieler so
schnell und so gut wie möglich verstecken. Der Sucher hat nun die Aufgabe, die
Mitspieler in ihren Verstecken zu finden. Hat er einen gefunden, muss er diesen
„abschlagen". Dazu muss der Sucher zu seinem Baum zurücklaufen und den
Namen des Versteckten rufen, aber auch, wo sich der Versteckte befindet. Dieser
muss dann sein Versteck verlassen und dem Sucher bei der weiteren Suche nach
Mitspielern helfen. Ist der Sucher allerdings weit genug von seinem Baum entfernt,
kann ein Versteckter hervorkommen, zum Baum laufen und seinen Namen und
dahinter „frei" rufen. Gelingt ihm das, darf er sich erneut verstecken. Sind alle
Kinder gefunden, wird ein neuer Sucher bestimmt (meist der Spieler, der als erster
„abgeschlagen" wurde), und das Spiel beginnt von neuem. Sind allerdings alle
Mitspieler „frei", muss der alte Sucher wieder zählen.

### Spielregel:
Ein einmal „abgeschlagener" Spieler
darf sich nicht erneut verstecken.

# Katz und Maus

## Ein Spiel für mindestens sechs Kinder

### Spielbeginn:

Die Kinder wählen zwei Mitspieler, eine Katze und eine Maus.
Alle anderen Kinder stellen sich in Armeslänge voneinander entfernt im Kreis auf.
Katz und Maus stellen sich außerhalb des Kreises in einer gewissen Entfernung
voneinander auf.

### Das Spiel:

Alle Kinder im Kreis heben nun beide Hände in die Luft. Die Maus
muss nun versuchen, alle "Lücken" im Kreis zu schließen, indem sie zwischen
den Kindern durchläuft, welche dann die Arme herunternehmen und sich an die
Hände fassen.

Während die Maus die Lücken schließt, versucht die Katz, die Maus zu fangen.
Allerdings darf sie nicht in den Kreis hineinlaufen, sie kann die Maus also
nur fangen, wenn sich diese außerhalb des Kreises befindet. Die Maus darf auch
durch die geschlossenen Lücken wieder in das Innere des Kreises gelangen.
Das Spiel ist beendet, wenn die Katz die Maus gefangen hat oder wenn es
der Maus gelungen ist, alle Öffnungen zu schließen. Dann wird eine neue Maus
bestimmt, die erneut beginnt, den Bau zu schließen.

### Spielregel:

Die Maus darf die Lücken nur von außerhalb des Kreises schließen.
Einmal geschlossen, dürfen die Lücken nicht wieder geöffnet werden. Wenn sehr
viele Kinder mitspielen und der Kreis deshalb entsprechend groß ist, können
auch zwei Katzen gewählt werden, damit es nicht zu anstrengend bei der
Mäusejagd wird.

# Obstsalat

### Ein Spiel für möglichst viele Kinder

### Spielbeginn:

Ein Kind wird als Spielleiter ausgewählt. Die restlichen Spieler werden in Gruppen eingeteilt. Jede dieser Gruppen sucht sich eine Obstsorte
(Pflaumen, Äpfel, Bananen etc.) aus.
Die Anzahl der Gruppen und auch deren Größe hängen von der Menge der Mitspieler ab. Z. B. können 11 Spieler fünf Gruppen zu je zwei Spielern bilden oder 10 Spieler können drei Gruppen zu je drei Spielern bilden usw. Allzu kleinlich sollte man die Gruppenbildung aber nicht sehen. Es kann auch unterschiedlich große Gruppen geben.

### Das Spiel:

Die Spieler setzen sich zu einem Kreis zusammen. Der Spielleiter setzt sich in die Mitte dieses Kreises.

Nun muss der Spielleiter versuchen, sich einen Platz im Kreis zu erobern, indem er eine Obstsorte ruft. Alle Kinder, die zu dieser Obstsorte gehören, müssen die Plätze tauschen, während der Spielleiter versucht, sich einen freigewordenen Platz zu sichern. Der Spieler, der keinen Platz mehr hat, muss in die Mitte.

Neben den bestimmten Obstsorten kann der Spielleiter auch „Obstsalat" rufen, dann müssen alle Kinder ihre Plätze tauschen.

# Paarlaufen

**Ein lustiges Spiel für mindestens vier Kinder**

**Zum Spiel benötigt man:**
bunte Bänder

### Spielbeginn:

Die Kinder bilden Zweiergruppen. Diese Paare werden mit den Bändern jeweils an
den einander zugewandten Handgelenken und Fußknöcheln miteinander verbunden,
so dass sie direkt nebeneinander stehen. Das Spielfeld wird mit einer Start- und
Ziellinie markiert.

### Das Spiel:

Die Paare stellen sich an die Startlinie und auf ein Kommando gehen alle so schnell
sie können zur Ziellinie. Das Paar, welches das Ziel als erstes erreicht, hat das Spiel
gewonnen.

# Schattenjagd

## Ein Spiel für vier und mehr Kinder an sonnigen Tagen

### Spielbeginn:

Zuerst wird durch Abzählen ein Kind zum „Schattenjäger" bestimmt.

### Das Spiel:

Die Kinder laufen herum und der Schattenjäger hat die Aufgaben, deren Schatten zu fangen. Dazu muss er auf den Schatten des jeweiligen Kindes treten und „gefangen" rufen. Durch diese „Gefangennahme" wird der Mitspieler auch zum Schattenjäger. Das Spiel endet, wenn alle Schatten erhascht wurden.

### Spielregel:

Es ist gar nicht so einfach, seinen Schatten zu schützen. Auch ist zu beachten, das der Schatten, je nach Tagezeit und Stand der Sonne kürzer oder länger ist.
Bei diesem Spiel sollte Fairness im Vordergrund stehen, denn einen Schatten kann man nun mal nicht festhalten. Deshalb sollte nicgeschummelt und weitergelaufen werden, wenn der Jäger den Schatten gefangen hat.

# Besenfangen

Ein Spiel für mindestens fünf reaktionsschnelle Kinder

### Zum Spiel benötigt man:
einen Besen

### Spielbeginn:
Zuerst wird ein Kind zum „Besenführer" gewählt. Alle anderen Mitspieler
stellen sich zu einem Kreis zusammen. Der Besenführer stellt sich mit dem Besen
in die Mitte des Kreises.

### Das Spiel:
Der Besenführer stellt den Besen mit dem Stiel senkrecht auf den Boden, ruft den
Namen eines der Spieler im Kreis und lässt dann den Besen
umfallen. Der genannte Mitspieler muss losrennen und versuchen, den Besen aufzu-
fangen, bevor dieser auf dem Boden zu liegen kommt. Schafft er es nicht, so muss
er jetzt in die Mitte. Schafft er es aber, darf er an seinen Platz zurückkehren.
Der Besenführer muss im Kreis bleiben und ruft einen anderen Spieler (oder
den gleichen noch einmal).

### Spielregel:
Der Besenführer darf den Besen nicht in eine Richtung schubsen.
Der Besen darf nur losgelassen werden. So ist sichergestellt, dass der Besen zufällig
in jede Richtung umkippen kann und niemand einen Vor- oder Nachteil bekommt,
zum Beispiel, indem der Besen vom Fänger weggestoßen wird.

Man kann beliebig lange spielen, es muss jedoch vorher ausgemacht werden, wie
viele Runden gespielt werden. Derjenige, der am häufigsten in der Mitte stand,
ist der Verlierer.

# Für kühne „Springer" –
# Hüpfspiele

# Seilspringen

## Ein Hüpfspiel für zwei und mehr Kinder

### Zum Spiel benötigt man:
ein Springseil

### Spielbeginn:
Zuerst wird abgezählt, welcher Spieler mit dem Seilspringen beginnt.

### Das Spiel:
Das Kind nimmt die Seilenden in die Hände und beginnt, das Seil über den Kopf zu schwingen. Wenn das Seil auf den Boden aufkommt, muss das Kind über das Seil springen.

Der zweite Spieler zählt die Sprünge solange mit, bis das springende Kind am Seil "hängen" bleibt.

Nun werden die Rollen getauscht und der zweite Spieler versucht, die Anzahl der Seilsprünge zu erhöhen. Gelingt ihm das, hat er gewonnen.

### Variante:
Seilspringen kann man auch mit mehreren Kindern spielen. Dazu benötigt man ein entsprechend größeres Springseil. Zwei Spieler stellen sich einander zugewandt mit den Seilenden in der rechten Hand auf und beginnen das Seil zu schwingen.

Die restlichen Mitspieler stellen sich hintereinander neben einen der Seilschwinger auf und rennen durch das Seil. Das muss ziemlich schnell gehen, denn es dürfen keine „Lehrläufe" geschehen. D.h., immer wenn das Seil auf den Boden aufschlägt, muss sich ein Springer in der Seilmitte befinden. Nach dem Durchlaufen wird gesprungen. Der erste Läufer springt einmal, die übrigen tun es ihm nach. Beim dritten Durchlauf springen alle Kinder nacheinander zweimal. So geht das Seilspringen weiter, bis zu zehn Sprüngen.
Wenn einer der Springer am Seil „hängen" bleibt, muss er seinen Platz mit einem der Seilschwinger tauschen.

# Hüpfekästchen

**Dieses Spiel kann ab zwei Kindern gespielt werden –
je mehr Mitspieler, desto besser**

### Zum Spiel benötigt man:
ein Stück Kreide, einen Kieselstein oder einen Kronkorken

### Spielbeginn:
Auf den Boden wird mit der Kreide ein Spielfeld mit verschiedenen Kästchen
gezeichnet. Der erste Springer wird durch Auszählen ermittelt.

### Das Spiel:
Der beginnende Spieler wirft den Stein in das erste Feld und springt nun
von Feld zu Feld, lässt aber jenes aus, in dem der Stein liegt. Auf dem Rückweg
hebt er den Stein wieder auf und hüpft zum Anfang zurück.

Dann wirft er den Stein ins nächste Feld usw. Das geht so lange, bis er
einen Fehler macht (auf einen Kästchenrand tritt, der Stein auf dem Rand zum
liegen kommt oder ganz aus dem Hüpfekästchen herausspringt) und der nächste
Spieler ist an der Reihe.

### Variante:
Der Spieler wirft den Stein in das Feld „1". Dann hüpft er auf einem Bein (links
oder rechts, das entscheidet er selbst) auf das Feld „1" und versucht dabei den Stein
mit dem Fuß in das Feld „2" zu schubsen. Von diesem Feld gelangt er auf die gleiche Weise auf die Felder „3", „4" und „5". usw. Am Ende kann er sich kurz ausru-
hen und mit beiden Füßen landen. Dann wird auf die gleiche Weise wieder zurück-
gehüpft. Bei einem Fehler kommt der Nächste an die Reihe. Fehler sind: Wenn mit
dem Fuß eine Linie berührt wird, der Stein nicht in dem vorgesehenen Feld landet
oder wenn der Spieler mit beiden Beinen zugleich den Boden berührt.

# Sackhüpfen

### Ein lustiges Spiel für mindestens zwei Kinder

### Zum Spiel benötigt man:
pro Kind einen alten Sack oder eine große Mülltüte

### Spielbeginn:
Zum Spielbeginn wird das Spielfeld mit einer Start- und Ziellinie markiert.
Jedes Kind erhält einen Sack.

### Das Spiel:
Nachdem die Kinder mit den Beinen in ihre Säcke geschlüpft sind, stellen sie sich
an der Startlinie auf. Auf ein Kommando müssen die Kinder versuchen, bis zu
einem beliebig weit entfernten Ziel zu hüpfen. Wer als erster ins Ziel kommt, hat
das Spiel gewonnen.

# Rund um's runde Leder –
## Ballspiele

# Der Ball muss drüber

Ein Spiel für möglichst viele Kinder -
es kann aber auch zu zweit gespielt werden

**Zum Spiel benötigt man:**
einen Ball

## Spielbeginn:

Zuerst werden zwei gleich große Mannschaften gebildet. Das Spielfeld sollte möglichst durch eine 1,70 bis 2 m hohe Mauer getrennt sein. Ist keine Mauer vorhanden, kann man mithilfe von Decken, Leitern und Wäscheleinen leicht eine eigene Mauer aufstellen.

## Das Spiel:

Die Mannschaften stellen sich jeweils auf einer Seite der Mauer auf.
Die erste Mannschaft wirft jetzt den Ball über die Mauer und ein Spieler der zweiten Mannschaft muss den Ball fangen. Der Ball muss zurückgeworfen und auch von der anderen Mannschaft gefangen werden. Wichtig ist, sich vor jedem Ballwurf neu zu positionieren, denn man kann ja nicht sehen, wohin die gegnerische Mannschaft den Ball wirft. Das macht das Spiel spannender und man muss sehr aufpassen.

## Spielregel:

Da dieses Spiel zum Pfuschen einlädt, weil die gegnerische Mannschaft nicht sehen kann, ob der Ball tatsächlich gefangen wurde, empfiehlt es sich, einen unparteiischen Schiedsrichter am Mauerende zu positionieren. Der Schiedsrichter kann dann beide Mannschaften sehen und einschreiten, wenn der Ball auf den Boden fällt und ein Team unerlaubterweise weiterspielt. Am Schluss hat die Mannschaft gewonnen, bei welcher der Ball am seltensten den Boden berührt hat.

# Brennball

**Brennball wird mit zwei Mannschaften mit beliebig
vielen Kindern gespielt**

## Zum Spiel benötigt man:

einen Ball
Gegenstände (z. B. Steine, Jacken oder anderes) zum Abgrenzen des Spielfeldes
einen Korb, wahlweise auch einen Karton oder Eimer

## Spielbeginn:

Zuerst bilden die Kinder zwei Mannschaften. Dann wird ein möglichst quadratisches Spielfeld eingegrenzt und an den Ecken mit den Markierungen versehen. Diese Markierungen werden „Basen" genannt. Eine der Ecken ist die Start- und Home Base, dort wird der Korb aufgestellt.
Je nach Größe des Spielfeldes und der Anzahl der Mitspieler können auch mehrere Markierungen aufgestellt werden.

## Das Spiel:

Eine Mannschaft verteilt sich im Innenfeld des Spielfeldes, die andere stellt sich in einer Reihe außerhalb des Feldes auf. Ein Spieler dieses Teams wirft den Ball ins Innenfeld und läuft los. Während er versucht, so viele Basen (Markierungen) wie möglich zu umlaufen, muss die gegnerische Mannschaft versuchen, den Ball so schnell wie möglich in den Korb zu befördern. Ein Spieler, der zum Zeitpunkt des Einwurfes des Balls in den Korb keine Base berührt bzw. erreicht hat, gilt als „gebrannmarkt". Er muss zum Ausgangspunkt zurück oder scheidet für diesen Durchgang aus (je nach vorheriger Absprache). Berührt er jedoch eine Base, so kann er bei den nächsten Würfen seiner Mannschaftskollegen von dieser Base weiter in Richtung der Home Base laufen. Dazu nimmt der nächste Werfer den Ball aus dem Korb und wirft diesen wie der Vorgänger in die Mitte des Spielfeldes und läuft ebenfalls los. Erreicht ein Läufer die Home Base, so erhält seine Mannschaft einen Punkt.

**Spielregel:**
Die Mannschaft, deren Werfer nach seinem Wurf eine ganze Runde vollendet, erhält mehr als einen Punkt (vor Spielbeginn sollte festgelegt werden, wie hoch die Punktzahl sein soll).

Getauscht werden die Mannschaften entweder nach einer vorgegebenen Zeit, wenn eine bestimmte Zahl der Spieler „gebranntmarkt" ist und auch wenn eine Mannschaft keinen Werfer mehr aufbringen kann, weil alle entweder auf den Basen stehen oder „gebranntmarkt" sind.

Es dürfen sich auf einer Base höchstens drei Spieler befinden. Kommt ein weiterer Läufer hinzu, gilt einer der Spieler als „gebranntmarkt" (z. B. der Neuankömmling oder der Spieler, der sich am längsten auf der Basi befindet).

# Der Ballkönig

Ein Spiel für zwei oder mehr Kinder

**Zum Spiel benötigt man:**
einen Ball, evtl. eine Hauswand

**Spielbeginn:**
Zuerst wird durch Auszählen ermittelt, welcher Spieler beginnen darf.
Außerdem muss bestimmt werden, welche der möglichen Spielvarianten
(nächste Seite) gespielt werden.

**Das Spiel:**
Die leichteste der ausgewählten Varianten wird zehnmal wiederholt, die nächste
neunmal usw. Berührt der Ball während der Übungen den Boden, muss neu gezählt
werden. Wer die Varianten schafft, ist der Ballkönig.

**Varianten:**

## 1.

In kurzem Abstand zu einer Mauer stehend den Ball dagegen werfen,
sich selbst im Kreis drehen und den Ball fangen.

## 2.

Den Ball jeweils nur mit der rechten oder linken Hand gegen die Mauer pritschen.

## 3.

Den Ball unter dem angehobenen Bein durch werfen und fangen.

## 4.

Den Ball in die Höhe werfen, in die Hände klatschen und wieder fangen.

## 5.

Den Ball in die Höhe werfen, mit den Händen vorne und hinter dem
Rücken klatschen und den Ball wieder fangen.

## 6.

Mit dem Rücken zur Wand stehend, bückend den Ball durch die Beine gegen die
Mauer werfen, aufrichten, umdrehen und den Ball auffangen usw.
Der Fantasie sind hier keine Grenzen gesetzt.

# Schweinchen in der Mitte

**Ein Spiel für drei Kinder**

**Zum Spiel benötigt man:**
einen Ball

**Spielbeginn:**
Die drei Spieler stellen sich in einer Reihe mit einem Abstand von jeweils sechs Schritten voneinander auf.

**Das Spiel:**
Die beiden Außenspieler werfen sich den Ball gegenseitig zu. Der Spieler in der Mitte muss nun versuchen, den Ball zu fangen. Dabei verändern die beiden Außenspieler ständig ihre Positionen und sie dürfen dabei den Ball beliebig werfen. Der Ball kann auch auf dem Boden auftreffen oder sogar gerollt werden. Wenn es dem Mittelspieler gelingt, den Ball zu fangen, tauscht er seine Position mit demjenigen Spieler, der den Ball zuletzt geworfen hat. Nun muss dieser in die Mitte und versuchen, sich durch Fangen des Balls zu befreien.

**Spielregel:**
Obwohl der Ball beliebig bewegt werden darf, sind allzu hohe Würfe nicht erlaubt. Ein berührter, aber nicht gefangener Ball gilt nicht als gefangen. Das Spiel sollte zeitlich begrenzt werden und Sieger des Spiels ist das Kind, das sich am seltensten in der Mitte befunden hat.

# Spiele mit „Leichtigkeit" –
# Spiele mit Luftballons

# Wer erhascht den Luftballon?

Ein Spiel für zwei oder mehr Kinder
Ein witziges Spiel für mindestens vier Kinder

### Zum Spiel benötigt man:
viele Luftballons
Bindfaden (am besten eine ganze Rolle)

### Spielbeginn:
Zuerst müssen eine Menge Luftballons aufgepustet und jeweils an etwa 1 Meter
lange Bindfäden befestigt werden. Mit dieser Schnur wird jedem Kind
ein Luftballon ans Bein gebunden, so dass der Ballon im Ruhezustand
auf dem Boden aufliegt.

### Das Spiel:
Alle Kinder müssen nun versuchen, gegnerische Ballons zu zertreten.
Dabei muss aber jedes Kind darauf achten, seinen eigenen Ballon nicht zu verlieren.
Sieger dieses Spiels ist das Kind, welches am Ende
noch seinen Ballon hat.

# Erschwerter Paarlauf

## Ein Geschicklichkeitsspiel für mindestens vier Kinder

### Zum Spiel benötigt man:
Luftballons

### Spielbeginn:
Die Kinder müssen sich zu Paaren zusammenfinden. Das Spielfeld muss mit einer Start- und Ziellinie versehen werden.

### Das Spiel:
Dieser Wettlauf ist gar nicht so einfach. Die Paare stehen Rücken an Rücken und haben einen Luftballon zwischen sich eingeklemmt. Nach dem Startkommando bewegen sich die Spieler so schnell wie möglich dem Ziel entgegen. Dabei darf der Luftballon weder zerplatzen noch verloren gehen. Die Kinder, die als erstes die Ziellinie erreichen, haben gewonnen.

### Spielregel:
Sollte während des Laufs ein Luftballon herunterfallen, dürfen die Paare den Ballon aufheben, müssen aber von der Startlinie aus erneut loslaufen. Wenn ein Ballon jedoch platzt, muss das Paar für diese Runde aussetzen.

# Luft-Hockey

## Ein „luftiges" Spiel für mindestens vier geschickte Spieler

### Zum Spiel benötigt man:
längliche und runde Luftballons – die Menge der Ballons richtet sich
nach der Anzahl der Kinder einen Korb, einen Eimer oder großen Karton

### Spielbeginn:
Zuerst müssen die Luftballons aufgepustet werden. Der Korb wird in der Mitte des
Spielfeldes platziert.

### Das Spiel:
Jedes Kind erhält einen
länglichen und einen runden Ballon. Die länglichen dienen als Schläger und die
runden sind die „Pucks" (der Puck ist im Eishockey die runde Scheibe, die von den
Spielern in das Tor befördert werden muss). Die Kinder stellen sich im Kreis in
einiger Entfernung zum Korb auf und müssen nun versuchen, mit dem Schläger den
Puck in den Korb zu befördern. Wer dies als
erster schafft, hat gewonnen. Die Kinder stellen sich erneut auf und das Spiel
beginnt von neuem.

### Variante:
Es ist auch spannend, Luft-Hockey mit Mannschaften zu spielen. Dazu müssen
zwei Teams gebildet werden. Jeder Spieler erhält einen Schläger, aber es gibt jetzt
nur einen Puck. Die Mannschaften spielen jetzt gegeneinander und jede muss
versuchen, so viele „Tore" wie möglich zu erzielen. Sieger ist die Mannschaft,
die es schafft, den Puck am häufigsten in den Korb zu befördern.

# Wenn es besonders warm ist -
# Wasserspiele

# Nur nicht nass werden!

**Ein fröhliches Garten-Spiel für beliebig viele Kinder**

### Zum Spiel benötigt man:
einen Wasserschlauch

### Spielbeginn:
Für dieses Spiel sollten sich alle Kinder in Badeanzug oder Badehose einfinden. Ein Spieler wird ausgezählt, um den Wasserschlauch zu schwingen.

### Das Spiel:
Das ausgezählte Kind ist der „Schwinger" und hat die Aufgabe, den Wasserschlauch hin und her, kreuz und quer und hoch und runter zu schwingen. Die übrigen Kinder stellen sich hinter dem Schwinger auf und müssen versuchen, unter und über den Wasserfontänen durchzulaufen, ohne nass zu werden.

### Spielregel:
Das Spiel muss zeitlich begrenzt werden, da ansonsten nach und nach alle Kinder so nass werden, dass kein Sieger mehr ermittelt werden kann. Der Schwinger darf die Mitspieler nicht direkt bzw. absichtlich nass spritzen.

# Feuchtes Abklatschen

**Ein Spiel, bei dem jeder nass wird, für beliebig viele Kinder**

### Zum Spiel benötigt man:
viele Wasserballons – die Menge richtet sich nach der Anzahl der Mitspieler

### Spielbeginn:
Zuerst müssen die Ballons mit Wasser gefüllt und
gleichmäßig an die Mitspieler verteilt werden.

### Das Spiel:
Die Kinder laufen auf dem Spielfeld hin und her. Jedes Kind muss
nun versuchen, einen Mitspieler mit den Wasserballons zu treffen.
Wer die meisten Treffer schafft, ist Sieger.

### Spielregel:
Wasserballons, die beim Abschlagen nicht zerplatzen, dürfen wieder aufgehoben
werden. Allerdings darf auch ein anderes Kind den Ballon aufheben
und damit einen Mitspieler abschlagen. Das macht das Spiel aufregender,
da man so auch von den Mitspielern Ballons „sammeln" und sich dadurch
Vorteile verschaffen kann.

# Flaschenfüllen

### Ein Spiel für zwei und mehr Kinder

### Zum Spiel benötigt man:
zwei mit Wasser gefüllte Eimer
zwei Schwämme
zwei leere Flaschen

### Spielbeginn:
Es werden zwei Mannschaften gebildet. Jede Mannschaft erhält einen mit Wasser gefüllten und einen leeren Eimer. Die Teams stellen sich in einem Abstand von etwa 2 Metern nebeneinander hinter den Wassereimern auf. Die leeren Flaschen werden gegenüber in einem Abstand von etwa 5 Metern aufgestellt.

### Das Spiel:
Ein Spieler aus jeder Mannschaft stellt sich neben den leeren Eimer.
Auf ein Kommando geht das Spiel los!
Der erste Spieler jedes Teams taucht den Schwamm in den Wassereimer und wirft ihn hinüber zu seinem jeweiligen Mitspieler, der neben der leeren Flasche steht. Dieser muss nun den Schwamm in die leeren Flaschen ausdrücken. Dann rennt er so schnell wie möglich zu seiner Mannschaft zurück, legt den Schwamm neben den Wassereimer und stellt sich hinten an. Sobald er am Ende angekommen ist, rennt der erste in der Reihe los und stellt sich neben der zu füllenden Flasche auf.

Der nun erste Spieler in der Reihe taucht den Schwamm wieder ins Wasser und das Spiel geht immer so weiter – bis die Flasche mit Wasser gefüllt ist. Die Mannschaft, deren Flasche als erste gefüllt ist, hat gewonnen.

# Nur kein Wellengang

## Dieses Spiel können vier bis sechs Kinder spielen

### Zum Spiel benötigt man:
einen mit Wasser gefüllten Eimer
pro Mitspieler einen Teelöffel
einen kleinen Teller (Untertasse)

### Spielbeginn:
Jeder Mitspieler erhält einen Teelöffel. Die Spieler setzen sich
zu einem Kreis zusammen. In die Kreismitte wird der mit Wasser
gefüllte Eimer gestellt. Der kleine Teller wird auf das
Wasser in dem Eimer gesetzt.

### Das Spiel:
Abwechselnd geben die Kinder nun teelöffelweise Wasser aus dem Eimer
auf den kleinen Teller. Der Spieler, bei dem der Teller untergeht,
hat verloren und scheidet aus. Das Spiel wird fortgesetzt,
bis nur noch ein Spieler übrig bleibt, der dann der Sieger ist.

# Hier ist Geschick gefragt!
## Geschicklichkeits-spiele

# Zielwerfen

### Ein Spiel für zwei und mehr Kinder

### Zum Spiel benötigt man:
unterschiedliche Gegenstände wie Plastikflaschen, Dosen oder Trinkbecher, die mit
Sand gefüllt werden
einen Tennisball pro Mitspieler

### Spielbeginn:
Die Gegenstände, die zur Verfügung stehen, müssen zur besseren Stabilität mit
Sand gefüllt werden. Je nach Schwierigkeitsgrad (große Gegenstände wie Flaschen
= leicht, kleine Gegenstände wie Becher = schwer) werden sie in einem Abstand zu
den Spielern von 3 bis 5 Metern aufgestellt.

### Das Spiel:
Jeder Spieler erhält einen Tennisball. Mit diesem Ball muss er nun versuchen, aus
der entsprechenden Entfernung die Flasche oder den Trinkbecher zu treffen.

### Spielregel:
Je nach Schwierigkeitsgrad erhalten die Gegenstände eine bestimmte Punktzahl.
Flaschen erhalten zwei Punkte, Dosen bekommen drei Punkte und die kleinen
Trinkbecher werden mit fünf Punkten versehen. Gewinner ist der Spieler,
der mit seinen Treffern die höchste Punktzahl erreicht.

# Flaschenkegeln

## Ein Spiel für vier oder mehr Kinder

### Zum Spiel benötigt man:
eine ebene Spielfläche, am besten Asphaltboden
neun Plastikflaschen
einen Tennisball

### Spielbeginn:
Die Flaschen dienen als Kegel und werden in drei Reihen
zu je drei Kegeln auf den Boden gestellt. Die Kegel sollten etwa
eine Handbreit voneinander entfernt stehen.
Die Spieler stellen sich etwa 15 Schritte von
den Kegeln entfernt auf.

### Das Spiel:
Die Spieler müssen nun versuchen, die Kegel mit
dem Tennisball umzuwerfen.

### Spielregel:
Der Tennisball darf nicht geworfen werden. Er muss, genau
wie beim echten Kegeln, gerollt werden. Jeder Spieler hat
hintereinander drei Versuche. Die Anzahl der umgeworfenen Kegel wird notiert.
Umgeworfene Kegel bleiben liegen, bis alle drei Würfe abgeschlossen
sind, und werden erst beim nächsten Spieler wieder aufgestellt.
Sieger ist das Kind mit den meisten Punkten.

# Kindergolf

**Spielen können beliebig viele Kinder,
es wird im Sand oder auf weichem Boden gespielt**

### Zum Spiel benötigt man:
pro Mitspieler zehn kleine, runde Steinchen

### Spielbeginn:
Jeder Spieler gräbt in den Boden ein kleines, etwa handtellergroßes Loch.
Um dieses Loch zieht er einen etwa 20 cm großen Kreis.
Jeder Spieler erhält zehn Steinchen.

### Das Spiel:
Jeder Spieler stellt sich in einem Abstand von etwa fünf Schritten
vor seinem Loch auf. Nun muss jeder versuchen, so viele
Steinchen wie möglich in das kleine Loch zu werfen.

### Spielregel:
Steinchen, die im Loch landen, erhalten fünf Punkte. Steinchen,
die in den Kreis fallen, geben zwei Punkte. Wer die meisten Punkte hat,
ist Sieger des Spiels. Wenn alle Steinchen „verschossen" sind, sammelt
man diese ein und kann erneut starten.

# Schlangenlauf

### Ein Spiel für beliebig viele Kinder - je mehr Kinder, desto größer ist der Spaß

### Spielbeginn:

Das Spielfeld wird mit einer Start- und Ziellinie versehen.
Die Kinder teilen sich in zwei Mannschaften auf.

### Das Spiel:

Die beiden Mannschaften stellen sich hintereinander vor der Startlinie auf. Die Kinder knien sich hin und jeder umfasst die Fesseln des Vordermannes. Auf ein Kommando bewegen sich die beiden „Schlangen" auf die Ziellinie zu. Das Team, das zuerst vollständig die Ziellinie überschritten hat, ist Sieger.

### Spielregel:

Während des Schlangenlaufs dürfen die Kinder die Verbindung zueinander nicht lösen. Geschieht es doch, dass ein Kind seinen Vordermann loslässt, muss es an den „Schlangenschwanz" laufen und sich dort wieder an den Vordermann hängen.
Das hat zur Folge, dass der Schlangenlauf unterbrochen wird und somit viel Zeit verloren geht

# Zerreißprobe

**Bei diesem taktischen Spiel können beliebig viele Kinder mitspielen**

## Zum Spiel benötigt man:
zwei Eimer
Küchenrolle
Tesafilm
Steinchen in unterschiedlicher Größe

## Spielbeginn:
Jeder Mitspieler erhält eine bestimmte Anzahl
(vorher absprechen) Steinchen in unterschiedlicher Größe.
Ein Eimer wird mit einem Stück Küchenrolle abgedeckt.
Zur Fixierung muss das Papier mit Tesafilm an den Eimer
geklebt werden. Der zweite Eimer muss mit Wasser gefüllt werden.

## Das Spiel:
Die beiden Eimer werden auf den Boden gestellt und die Kinder bilden einen engen
Kreis um diese Eimer. Nun muss jeder Spieler seine Steinchen in die Hand nehmen
und sie in dem Wassereimer nass machen. Nacheinander muss jetzt jeder Spieler ein
nasses Steinchen auf das Küchenpapier legen. Bei diesem Spiel kommt es darauf
an, im richtigen Moment entweder ein kleines oder großes Steinchen anzulegen. Ist
das Papier z. B. bereits sehr nass, empfiehlt es sich, eher kleine
Steinchen zu verwenden.

Wenn das Küchenpapier reißt, hat der Spieler
erloren, welcher als letzter ein Steinchen abgelegt hat. Das Papier muss erneuert
werden und die nächste Runde kann beginnen.

# Gummitwist

**Ein Spiel für mindestens drei „Hüpfer"**

**Zum Spiel benötigt man:**
ein etwa 2 Meter langes und 1 cm breites Gummiband

**Spielbeginn:**
Die beiden Enden des Gummibandes müssen miteinander
verknotet werden. Zwei Kinder stellen sich in die
Mitte des Gummibandes und gehen so weit auseinander,
dass sich das Gummi um die Knöchel (oder mit beiden
Händen) der beiden Kinder spannt.

**Das Spiel:**
Das dritte Kind darf mit dem Spiel beginnen
und hüpft nun über das Gummiband.
Das heißt, es springt von der einen Bandseite zur anderen. Dabei muss sich das
Gummiband immer zwischen dem rechten und dem linken Fuß befinden.
Es springt abwechselnd einige Male (bis zu fünfmal – muss vorher abgesprochen
werden) über das Gummiband hin und her, ohne das Gummi dabei zu berühren.
Gelingt das, erreicht das Kind die nächste Stufe des Spiels. Jetzt wird das Gummi
stufenweise immer höher an den Beinen der anderen Kinder heraufgezogen.

**Spielregel:**
Der „Hüpfer" darf so lange springen, bis das Gummiband berührt wurde.
Bei einer Berührung mit dem Gummiband, egal ob mit Fuß oder Bein, darf
das nächste Kind springen. Gewonnen hat, wer die höchste Stufe des
Gummiüberhüpfens geschafft hat.

# Nur nicht fallen lassen!

### Ein Geschicklichkeitsspiel für beliebig viele Kinder

### Zum Spiel benötigt man:
Softbälle

### Spielbeginn:
Die Kinder werden in Zweiergruppen geteilt und jedes Paar
erhält einen Softball.

### Das Spiel:
Die Paare setzen sich einander gegenüber auf den Boden und
klemmen sich einen Softball zwischen die Stirnen.
Die Hände werden hinter dem Rücken verschränkt. Nun müssen die Paare versuchen, aufzustehen, ohne dass der Ball herunterfällt.

### Spielregel:
Wenn der Softball zu Boden fällt, muss das entsprechende Paar wieder von vorne
anfangen. Sieger ist das Paar, welches zuerst auf den Füßen steht.

# Steine-Memory

### Zum Spiel benötigt man:
16 in Form, Größe und Färbung unterschiedliche Steine

### Spielbeginn:
Die Steine werden in drei Reihen aufgeteilt. Durch Auszählen wird ermittelt, welches Kind mit dem Spiel beginnen darf.

### Das Spiel:
Das Kind hat nun in einem bestimmten Zeitrahmen (der vorher festgelegt wird) die Möglichkeit, sich die Lage der Steine einzuprägen. Anschließend muss es sich mit dem Rücken zu den Steinen stellen. Die Mitspieler vertauschen dann die Lage von drei Steinen. Das Kind darf sich nun wieder umdrehen und muss herausfinden, welche Steine vertauscht wurden.

### Spielregel:
Wichtig ist bei diesem Spiel, dass sich die Steine deutlich voneinander unterscheiden. Das Kind, das die erste Runde schafft, darf weiter spielen. Aber jetzt wird es schwerer. In der zweiten Runde werden dann vier Steinchen vertauscht usw. Ist es dem Spieler nicht möglich, in einer Runde die verlegten Steine zu finden, kommt ein anderes Kind an die Reihe.

# Wer hat die meiste Puste?

### Ein Spiel für zwei oder beliebig viele Kinder

### Zum Spiel benötigt man:
Papier (z.B. altes Zeitungspapier)
pro Mitspieler einen Trinkhalm
für jeden Mitspieler eine kleine Schüssel (am besten aus Plastik,
z. B. Dessert- oder Müslischüsseln) oder einen Trinkbecher

### Spielbeginn:
Zuerst müssen die Mitspieler das Zeitungspapier in etwa
handtellergroße Stücke schneiden. Jeder Mitspieler bekommt einen
Trinkhalm und eine Schüssel oder einen Becher.
Das Papier wird auf dem Spielfeld beliebig verteilt.

### Das Spiel:
Die Kinder müssen versuchen, mit den Trinkhalmen so viele
Papierstücke wie möglich festzusaugen und in die Schüssel
fallen zu lassen, ohne die Hände zu benutzen. Gewonnen hat,
wer nach einer bestimmten Zeit (Zeitrahmen vorher
festlegen) die meisten Blätter in der Schüssel hat.

### Spielregel:
Bei diesem Spiel ist nicht nur Geschick, sondern auch Schnelligkeit gefragt.
Deshalb müssen die Spieler darauf achten, bei der „Jagd" nach den
Papierschnipseln ihre Mitspieler nicht anzurempeln.

# Hier zählt nicht allein die Kraft –
## Kräftemessen

# Tauziehen

Bei diesem Spiel sollten mindestens vier Kinder
ihre Kräfte messen

**Zum Spiel benötigt man:**
ein kräftiges Seil (Tau)

**Spielbeginn:**
Zuerst müssen zwei gleichstarke Mannschaften gebildet werden.
Bevor das Spiel beginnen kann, muss auf dem Spielfeld eine
Linie gezogen werden.

Das Tau wird mittig auf die Linie gelegt, dass die Enden auf
beiden Seiten die gleiche Länge besitzen.

**Das Spiel:**
Die jeweiligen Teams stellen sich hintereinander auf beiden Seiten der Mittellinie
auf. Die Mannschaftsmitglieder nehmen nun das Tau fest in die Hände und auf ein
Kommando ziehen die Spieler so fest sie können an dem Seil.

Gewonnen hat die Mannschaft, der es gelingt, die andere
über die Mittellinie zu ziehen.

# Wer hält länger aus?

Ein Spiel für wenigstens zwei oder beliebig viele „Kraftprotze"

### Zum Spiel benötigt man:
pro Spielerpaar ein großes Handtuch

### Spielbeginn:
Zuerst müssen sich die Kinder zu Paaren zusammenfinden.

### Das Spiel:
Die Paare setzen sich Rücken an Rücken auf ein Handtuch.
Jeder Mitspieler muss nun die Beine anziehen und die Hände auf die Knie legen.
Auf ein Kommando müssen die „Gegner" nun versuchen, sich gegenseitig vom
Handtuch zu drücken.

### Spielregel:
Die Stellung, also die Hände auf die Knie gelegt, muss eingehalten werden.
Paare, die es nicht schaffen, diese Position zu halten, müssen von
neuem beginnen. Das heißt, sie müssen auch die Anfangsposition
auf dem Handtuch einnehmen.

# Hier kann jeder mitspielen –
## weitere schöne Spiele

# Fischer, Fischer, wie tief ist das Wasser?

**Ein schönes Spiel für beliebig viele Kinder – je mehr, desto besser**

### Spielbeginn:
Ein Spieler wird als „Fischer" ausgezählt.

### Das Spiel:
Die Spieler, die so genannten „Fische", stellen sich nebeneinander auf. Etwa 10 Meter entfernt, den Fischen zugewandt, positioniert sich der Fischer.

Dann rufen die Spieler zum Fischer:
„ Fischer, Fischer, wie tief ist das Wasser?"

Der Fischer antwortet z. B.: „20 Meter."
Daraufhin fragen die Fische: „Wie kommen wir rüber?"

Der Fischer wählt eine Möglichkeit der Fortbewegung, z. B.: „Auf einem Bein hüpfend."

Die Fische entgegnen: „Dürfen wir?"

Jetzt entscheidet der Fischer, wie viele Kinder das Wasser „überschreiten" dürfen. Dazu ruft er beliebig viele Namen der Fische auf:

„Nur (beliebige Namen) dürfen gehen!"

Die genannten Kinder müssen nun versuchen, auf einem Bein hüpfend auf die andere Seite zu gelangen. Der Fischer muss – ebenfalls auf einem Bein hüpfend – versuchen, die Fische zu fangen. Gelingt ihm das, wird der gefangene Fisch ebenfalls zum Fischer. Gelingt es dem Fischer nicht, kehrt das Kind zu den anderen Mitspielern zurück. Das Spiel wiederholt sich solange, bis der letzte Fisch gefangen wurde. Der Spieler, der am Schluss übrig bleibt, wird der nächste Fischer und das Spiel beginnt von vorn.

## Spielregel:

Der Fischer kann so viele Kinder aufrufen wie er möchte. Es ist aber leichter für ihn, wenn er zu Beginn des Spiels nur ein Kind auswählt. Besonders schwierig wird die Überquerung im späteren Spielverlauf, wenn es mehr Fischer als Fische gibt.

Zur Überquerung des Wassers darf der Fischer alle möglichen Fortbewegungsarten bestimmen (wie hüpfen, krabbeln oder Spinnengang). Die Kinder müssen der Anweisung des Fischers Folge leisten, und auch der Fischer und seine Gehilfen (die bereits gefangenen Fische) müssen sich in der vorgegebenen Art bewegen.
Die Fische dürfen sich nur nach vorne und zur Seite bewegen, jedoch nicht zurück.

# Blinde Kuh

Dieses Spiel ist für wenigstens vier Kinder geeignet –
je mehr mitspielen, desto lustiger wird es

**Zum Spiel benötigt man:**
einen Schal zum Verbinden der Augen

**Spielbeginn:**
Zuerst muss ein Spieler als „Blinde Kuh" ausgezählt werden. Mit dem Schal werden
dem Kind die Augen verbunden.

**Das Spiel:**
Die Blinde Kuh wird einige Male im Kreis gedreht.
Die übrigen Mitspieler müssen sich auf dem Spielfeld verteilen. Die Blinde Kuh
versucht nun, einen der Mitspieler zu fangen. Sobald sie ein Kind erhascht hat,
muss sie den Namen des Mitspielers sagen. Das gefangene Kind sollte dabei ganz
still sein, um sich nicht zu verraten. Errät die Blinde Kuh den Namen, darf sie die
Augenbinde abnehmen und übergibt an den gefangenen Mitspieler, der dann die
nächste Blinde Kuh ist.

**Spielregel:**
Die Blinde Kuh darf nicht geschubst oder anderweitig berührt werden. Hat sie ein
Kind berührt und somit gefangen, darf sich das entsprechende Kind nicht losreißen
oder weglaufen

# Ein Hut, ein Stock, ein Regenschirm

## Ein lustiges Spiel für beliebig viele Kinder

### Spielbeginn:

Ein möglichst langes Spielfeld wird mit Start- und Ziellinie versehen. Die Kinder stellen sich an der Startlinie in einer Reihe nebeneinander auf und fassen sich an den Händen.

### Das Spiel:

Auf ein Kommando setzt sich die Reihe in Bewegung und sagt dazu folgenden Spruch auf: „Eins, zwei, drei, vier, fünf, sechs, sieben. Ein Hut, ein Stock, ein Regenschirm. Vorwärts, rückwärts, seitwärts, ran." Während der Reim gesprochen wird, führen alle Kinder die Anweisungen passend dazu aus: Sie gehen zunächst sieben Schritte vorwärts. Gemäß der zweiten Zeile marschieren alle bei jeder Silbe einen Schritt (also acht Schritte) weiter. Zum Schluss bleiben die Kinder stehen und setzen den jeweils rechten Fuß erst nach vorne, dann nach hinten, anschließend zur Seite und zuletzt zurück neben dem linken Fuß. Dann geht es wieder von vorne los.

### Spielregel:

Hier darf keiner aus der „Reihe" tanzen. Kinder, die nicht Schritt halten können, müssen aus der Reihe austreten und dürfen erst in der nächsten Runde wieder mitspielen. Sieger ist, wer ohne Fehler ans Ziel kommt.

# Weitsprung

## Weitspringen können beliebig viele Kinder

### Zum Spiel benötigt man:
ein Maßband

### Spielbeginn:
Vor dem Spiel wird ein Schiedsrichter ermittelt. Die Kinder bestimmen außerdem die Reihenfolge, nach der gesprungen werden soll. Das Spielfeld muss mit einer „Absprunglinie" versehen werden. Diese Linie sollte eine Länge von etwa 1 Meter und eine Breite von etwa 25 cm haben. Von dieser Linie müssen die Spieler abspringen.

### Das Spiel:
Der Schiedsrichter stellt sich neben die Absprunglinie. Seine Aufgabe besteht darin, darauf zu achten, dass die jeweiligen Springer die Absprunglinie nicht übertreten. Das erste Kind darf in einem bestimmten Abstand (vorher festlegen) zur Absprunglinie loslaufen. Dann muss es auf die Linie treten und von dort abspringen. Der Schiedsrichter misst mithilfe des Maßbandes die Länge des Sprungs. Wer am weitesten springen konnte, hat gewonnen.

### Spielregel:
Die Absprunglinie muss vom Springer mit einem Fuß berührt werden.
Bei Übertreten ist der Sprung ungültig.
Es reicht jedoch die Linie mit der Fußspitze zu berühren.

# Weiterziehen

Ein Spiel für zwei Spieler, es können aber auch mehr Spieler spielen

### Zum Spiel benötigt man:
Kreide
zwei Steinchen
2 x 4 kleine Geldmünzen

### Spielbeginn
Mit der Kreide wird auf das Spielfeld (Straße) eine Leiter gemalt.
Die Leiter sollte 12 Querstriche aufweisen, so dass 11 Felder entstehen. Die Leiter
wird mit „Start" (erstes Feld) und „Ziel" (letztes Feld) versehen. Die Spieler
spielen gegeneinander. Die beiden Gegenspieler ermitteln nun
wer mit dem Spiel beginnen darf.

### Das Spiel:
An der Startseite legt jeder Spieler ein Steinchen in das erste Feld.
Der erste Spieler wirft nun die Geldmünzen in die Luft und lässt sie auf den Boden
fallen. Für jede Münze, die mit dem Kopf nach oben zeigt, darf er sein Steinchen in
Richtung nach oben (Ziel) ziehen. Im günstigsten Fall kann er dann vier Felder
nach oben ziehen, doch wenn er Pech hat, kann er gar nicht weiterziehen. Die Spieler ziehen abwechselnd und wer zuerst oben angelangt ist, hat gewonnen.

### Spielregel
Wenn mehr als zwei Kinder spielen, müssen entsprechend mehr Leitern aufgemalt
werden. Die Sieger müssen dann am Ende gegeneinander spielen.
Sieger ist, wer am Ende alle Spiele gewonnen hat.

# Spiele für drinnen

Seit Tagen regnet es – und wenn es nicht regnet, ist es trotzdem kalt und düster. Was tun, wenn die Langweile regiert? Immer nur Dinge tun, die man alleine macht? Es wäre doch schön, sich mit Klassenkameraden oder Freunden zusammenzukommen, um etwas zu spielen, was man bisher noch nicht kannte. Und es ist doch etwas Schönes und Spannendes, so zu spielen, was es die Kinder früher taten. Zum Beispiel Schatten raten, Tischkegeln oder Käsekästchen. Aber es gibt ja noch viel mehr Spiele, wie die nächsten Seiten dieses Buches zeigen.

# Spiele zum Singen, Tanzen und Springen

# Bello, Bello, dein Knochen ist weg!

**Den Knochen können beliebig viele Kinder suchen**

### Zum Spiel benötigt man:
als „Knochen" einen beliebigen Gegenstand, es können auch Bonbons oder Schokolade sein

### Spielbeginn:
Zuerst wird abgezählt, wer der erste „Bello" sein darf. Alle anderen Kinder setzen sich zu einem Kreis auf den Boden.

### Das Spiel:
Bello muss sich jetzt in die Mitte des Kreises hinknien und den Kopf unter den Armen verstecken, so dass er nichts mehr sieht. Ein Spieler legt den Knochen auf Bellos Rücken. Die Kinder bestimmen nun, wer die Aufgabe hat, Bello den Knochen abzunehmen. Das darf Bello natürlich nicht mitbekommen. Der „Dieb" muss ganz leise sein, damit Bello nicht sofort bemerkt, dass man seinen Knochen schnappen will. Auch die anderen Kinder müssen ganz still sein.

Danach geht der Dieb an seinen Platz zurück und alle Kinder verschränken ihre Arme hinter dem Rücken. Anschließend rufen sie: „Bello, Bello, dein Knochen ist weg!" Nun muss Bello seinen Knochen suchen, indem er zu einem Mitspieler seiner Wahl krabbelt und ihn kräftig anbellt. Das angebellte Kind muss seine Hände vorzeigen – sind diese leer, bleibt Bello im Kreis und muss weitersuchen. Findet er allerdings seinen Knochen, wechselt er mit dem Spieler die Plätze und die Runde beginnt von vorne.

### Spielregel:
Wird dieses Spiel mit Süßigkeiten gespielt, werden entweder Bello oder der Dieb mit der Leckerei belohnt.

73

# Löffeltanz

## Ein Spiel für beliebig viele Kinder

### Zum Spiel benötigt man:
Teelöffel (einen weniger als Mitspieler)
Musik

### Spielbeginn:
Eines der Kinder wird zum Ein- und
Abstellen der Musik ausgewählt und kann in der jeweiligen Runde
nicht mitspielen. Die Löffel werden auf den Boden gelegt.

### Das Spiel:
Die Kinder müssen nun nach der Musik um die Löffel herum tanzen.
Sobald die Musik ausgestellt wird, greift jedes Kind nach einem Löffel.
Das Kind, das keinen Löffel ergattern konnte, scheidet aus. Danach beginnt das
Spiel von vorne, wieder mit einem Löffel weniger als Mitspieler da sind.
Sieger ist, wer am Schluss den letzten Löffel erwischt.

### Spielregel:
Das Kind, welches zuerst ausscheidet, muss in der nächsten
Runde die Musik bedienen

# Alle Vögel fliegen hoch

### Spielbeginn:
Alle Mitspieler setzen sich an einen Tisch
und legen ihre Hände auf die Tischplatte.

### Das Spiel:
Es wird ausgezählt, wer beginnen darf. Dieser Spieler ruft nun beispielsweise „Alle Vögel fliegen hoch" und hebt dazu seine Hände nach oben. Hat er dabei einen Begriff gewählt, der tatsächlich fliegen kann, müssen alle Mitspieler ebenfalls die Hände in die Höhe strecken – oder scheiden anderenfalls aus. Die Kinder müssen allerdings sehr aufpassen, denn wenn ein Spieler einen Begriff ruft, der nicht fliegen kann (z. B. „Alle Autos fliegen hoch"), hebt er zwar selbst die Hände, aber die anderen Mitspieler müssen die Hände auf dem Tisch lassen. Wer trotzdem die Hände hebt, scheidet ebenfalls aus.

### Spielregel:
Besonders viel Spaß macht das Spiel, wenn es schnell gespielt wird. Man sollte sich also schon vorher überlegen, welchen Begriff man nennen will. Es wird abwechselnd im Uhrzeigersinn gespielt. Nach jedem genannten Begriff ist das nächste Kind an der Reihe.

# „Haha"

Bei diesem lustigen Spiel darf nicht gelacht werden und
es können beliebig viele Kinder mitspielen

## Zum Spiel benötigt man:
evtl. Stift und Block

## Spielbeginn:
Für die erste Runde wird ein Schiedsrichter ermittelt.
Die Kinder setzen sich im Kreis zusammen.
Es wird im Uhrzeigersinn gespielt.

## Das Spiel:
Einer der Spieler sagt laut „Ha", sein Nebenmann antwortet mit „Ha – Ha". Der
dritte Spieler erwidert „Ha – Ha – Ha". So geht es weiter, bis einer der Spieler
einen Fehler macht, also mit der falschen Anzahl „Ha's" antwortet.
Der Schiedsrichter hat die Aufgabe, die „Ha's" zu zählen und – wenn nötig – mithilfe von Strichlisten nachzuhalten. Der Spieler, der sich verzählt hat, muss nun mit
dem Schiedsrichter tauschen.

## Spielregel:
Achtung! Nicht nur die Aufzählung der richtigen Anzahl von „Ha's" ist wichtig.
Während des Spiels darf auch nicht gesprochen oder gelacht werden. Wer sich nicht
daran hält, muss sofort aussetzen.

# Bewegliches Memory

## Ein Spiel für fünf und mehr aufmerksame Kinder

### Spielbeginn:
Ein „Ratekind" muss ausgezählt werden.

### Das Spiel:
Das Ratekind muss den Raum verlassen. Die übrigen Kinder stellen Zweierpaare zusammen, die jeweils einen bestimmten Begriff darstellen sollen (z. B. Tiergeräusche, einen Hampelmann, eine Grimasse, Tierdarstellungen usw.). Wenn die Begriffe den Paaren zugeordnet sind, verteilen sich die Kinder im Raum und lassen das Ratekind eintreten. Nun müssen die Kinder ihre Begriffe einmal darstellen. Das Ratekind muss daraufhin die jeweiligen „Memoryteile" zusammensetzen. Wenn ihm das gelingt, wird ein neues Ratekind ausgezählt.

### Spielregel:
Je nach Größe der Spielerzahl darf sich das Ratekind bis zu dreimal vertun. Gelingt es ihm aber auch dann nicht, die Paare zu finden, muss es erneut das Ratekind sein.

# Meine Mutter
# schneidet Speck

### Ein Spiel für beliebig viele Kinder

### Spielbeginn:
Die Spieler setzen sich an einen Tisch und legen die Hände auf die Tischplatte.

### Das Spiel:
Es wird ausgezählt, wer beginnen darf. Dieser Spieler
zählt nun die Finger seiner Mitspieler „ab". Dazu sagt er
folgenden Spruch:„Meine Mutter schneidet Speck,
schneidet mir den Finger weg!".
Den Finger, auf den er dann zeigt, muss das entsprechende Kind dann einziehen.
Wer als letzter einen Finger auf der Tischplatte hat, ist Sieger.
Der Sieger kann dann in der nächsten Runde die Finger „abschneiden".

# Das Spiel mit dem Licht

Ein Spiel für mindestens zwei Kinder, wenn es dunkel wird

### Zum Spiel benötigt man:
eine Taschenlampe

### Spielbeginn:
Die Spieler setzen sich in einem dunklen Raum (tagsüber Rollladen runter lassen)
vor eine Zimmerwand. Es wird ausgezählt, welches Kind beginnen darf.

### Das Spiel:
Der erste Spieler erhält die Taschenlampe und „zeichnet" nun mit dem
Lichtstrahl Zahlen oder Buchstaben an die Wand. Die übrigen Kinder müssen
erraten, um welche Zahl bzw. Buchstaben es sich handelt. Wer das Rätsel als erster
löst, erhält die Taschenlampe und darf jetzt mit dem Lichtstrahl zeichnen.

### Spielregel:
Wenn die Mitspieler nicht sofort erraten können,
um welche Zahl oder Buchstaben es sich handelt, muss der Spieler erneut malen.
Das kann dreimal wiederholt werden. Dabei muss die Taschenlampe aber so geführt
werden, dass man das Geschriebene auch wirklich lesen kann. Gelingt es den Mitspielern dennoch nicht, das Rätsel zu lösen, scheidet der jeweilige Spieler für die
nächste Runde aus.

### Variante:
Bei diesem Spiel kann man auch Mannschaften bilden. Aus den Teams wird jeweils
ein Spieler gewählt (vorzugsweise ein guter Zeichner), welcher für die eigene
Mannschaft malt. Nach einer vorgegebenen Zeit müssen die Teammitglieder Zahl
oder Buchstaben erkannt haben. Gelingt das, dürfen sie weiter spielen, ansonsten ist
die gegnerische Mannschaft an der Reihe.

# „Hallo - wer bin ich?"

## Ein Ratespiel für beliebig viele Kinder

### Zum Spiel benötigt man:
einen Schal zum Verbinden der Augen

### Spielbeginn:
Ein Spieler wird ausgezählt und ist das erste „Ratekind". Mit einem Schal werden ihm
die Augen verbunden und es muss sich auf den Boden setzen.

### Das Spiel:
Die übrigen Spieler setzen sich in einem Kreis um das Ratekind herum. Einer aus
dem Kreis sagt: „Guten Morgen!". Dabei darf er seine Stimme verstellen.
Nun muss das Ratekind herausfinden, wer das gesagt hat und laut den
entsprechenden Namen rufen. Hat es richtig geraten, darf es sitzen bleiben.
Wenn die Antwort falsch ist, wechselt der Spieler, der „Guten Morgen!" gesagt hat,
in die Mitte und darf nun selbst raten. Sieger ist, wer die meisten richtigen Antworten geben konnte.

# Fischers Fritze

## Ein Spiel für beliebig viele Kinder mit raschem Reaktionsvermögen

### Spielbeginn:
Alle Mitspieler setzen sich an einen Tisch. Ein Kind wird als Spielleiter ausgezählt.

### Das Spiel:
Alle Kinder legen beide Hände auf den Tisch. Der Spielleiter lässt nun seine Hand
über die der Mitspieler kreisen. Dazu sagt er folgenden Spruch:

„Fischers Fritze hat gefischt,
hat den ganzen Tag gefischt,
hat noch keinen Fisch erwischt,
außer dich!"

Wenn der Spielleiter „außer dich!" sagt,
lässt er seine Hand auf die eines beliebigen
Mitspielers klatschen. Hat er die Hand erwischt,
muss der Getroffene sie von der Tischplatte nehmen und der Spielleiter macht
weiter. Wenn er daneben trifft, ist sein Nebenmann an der Reihe.
Wem es gelingt, alle Hände in einer Runde zu treffen, hat gewonnen.

### Spielregel:
Es werden zwar Hände „abgeklatscht", jedoch darf nicht fest zugeschlagen werden.
Auch darf der Spielleiter erst dann abklatschen, wenn er seinen Spruch
komplett aufgesagt hat.

# Wattepusten

## Zum Spiel benötigt man:
Wattebällchen

## Spielbeginn:
Die Spieler setzen sich in gleichen Abständen an einen Tisch.
Die Hände müssen auf dem Rücken verschränkt werden.
Das Wattebällchen wird in die Tischmitte gelegt.

## Das Spiel:
Auf ein Kommando müssen die Spieler versuchen, die Watte von der
Tischkante zu pusten. Da alle Kinder gleichzeitig pusten, muss der
richtige Augenblick abwartet werden, damit die Watte herunterfällt.
Kann ein Spieler nicht verhindern, dass die Watte rechts oder links von ihm zu
Boden fällt, hat er verloren.

## Variante:
Zwei Spieler müssen gegeneinander antreten. Auf der Tischplatte wird ein Ziel
markiert (man kann z. B. ein Seil auslegen oder andere kleine
Gegenstände verwenden).
Jeder erhält einen Wattebausch und muss diesen an der Tischkante ablegen.
Auf ein Kommando müssen die Spieler nun versuchen, ihr Wattebällchen
ins Ziel zu pusten. Wem das zuerst gelingt, darf gegen einen neuen Gegner
weiterspielen. Wer die meisten Gegner bezwingt, ist Sieger

# Ich sehe was, was du nicht siehst

Ein Spiel für beliebig viele aufmerksame Kinder

### Spielbeginn:
Es wird ausgezählt, wer beginnen darf.

### Das Spiel:
Alle Spieler stellen sich kreisförmig zusammen. Das Kind, das beginnen darf, sieht sich im Raum um, wählt einen einfarbigen Gegenstand aus und sagt in die Runde:
„Ich sehe was, was du nicht siehst, und das ist blau"
(d. h., es nennt die Farbe des betreffenden Gegenstandes).
Alle übrigen Spieler müssen nun reihum raten, um welchen Gegenstand es sich handeln könnte. Der Sieger setzt das Spiel fort.

### Spielregel:
Ein einmal ausgesuchter Gegenstand darf nicht geändert werden, auch dann nicht, wenn er besonders schnell erraten wurde.

### Variante:
Das Spiel kann auch draußen gespielt werden. Dort finden sich viele Gegenstände, die geraten werden können.

# Knoten lösen

**Ein kniffliges Spiel für mindestens zwei Kinder**

## Zum Spiel benötigt man:
ein Stück Seil für jeden Mitspieler
Stift und Papier zum Aufschreiben der Punkte

## Spielbeginn:
Jeder Spieler knüpft fünf Knoten in sein Stück Seil.

## Das Spiel:
Auf ein Kommando versucht jeder Spieler in einer vorher
abgesprochenen Zeit so schnell wie möglich, die Knoten zu
lösen. Wem das zuerst gelingt, ruft laut „Halt!". Daraufhin müssen alle anderen mit
dem Knotenlösen aufhören. Die Knoten, die noch geschlossen sind, werden den
betreffenden Spielern als Minuspunkte notiert. Nach der jeweiligen Runde werden
die fehlenden Knoten wieder „aufgefüllt" und das Spiel beginnt von neuem. Sieger
ist, wer am Ende die wenigsten Punkte hat.

## Variante:
Je nach Alter der Spieler können die Knoten entsprechend fester oder leichter
zusammengezogen werden. Auch die Anzahl der Knoten kann variieren.

# Schatten raten

### Ein Spiel für beliebig viele Kinder

### Zum Spiel benötigt man:
ein Bettlaken

### Spielbeginn:
Die Mitspieler bilden zwei Mannschaften und müssen sich in zwei
nebeneinander liegenden Räumen (z. B. Flur und Kinderzimmer)
aufhalten. In einem Raum ist das Licht angeschaltet,
in dem anderen Raum nicht.

Das Bettlaken sollte in die Tür zwischen den beiden
Zimmern aufgehängt werden.

### Das Spiel:
Während die eine Mannschaft in ihrem Zimmer
das Licht ausmacht, stellt sich von der anderen Gruppe ein Kind hinter das Tuch.
Jetzt muss die Mannschaft im dunklen Raum herausfinden, welches Kind den
Schatten wirft. Liegt sie richtig, muss das Kind auf ihre Seite wechseln. Rät sie
falsch, bleibt der „Schattenwerfer" im hellen Zimmer.
Wurde richtig geraten, tauschen die Mannschaften ihre Rollen.

### Spielregel:
Es darf jeweils nur einmal geraten werden, deshalb sollten die
Mannschaftsmitglieder vorher abstimmen, wer im Schatten vermutet wird.

### Variante:
Damit das Spiel etwas spannender wird,
darf sich das Schattenkind ein wenig verkleiden.
So kann es sich z. B. ein Kissen oder einen Ball unter den
Pullover stopfen oder einen Hut aufsetzen.
Es ist aber immer nur eine Sache erlaubt.

# Meine Oma ist im Urlaub

### Ein lustiges Spiel für beliebig viele Kinder

### Zum Spiel benötigt man:
einen Tischtennisball pro Mitspieler

### Spielbeginn:
Die Kinder setzen sich zu einem Kreis zusammen. Es wird ausgezählt,
wer beginnen darf.

### Das Spiel:
Der ausgezählte Spieler nimmt den Tischtennisball in den Mund
und sagt: „Meine Oma ist im Urlaub.".
Die anderen fragen: „Wo ist sie denn?".
Das Kind mit dem Ball im Mund überlegt sich einen Ort (Land oder Stadt)
und spricht ihn laut aus. Die übrigen Kinder müssen nun erraten,
was gesagt wurde. Wer richtig geraten hat,
ist als Nächster dran.

### Spielregel:
Wenn niemand verstanden hat, was gesagt wurde, kann der Ort bis zu
dreimal wiederholt werden. Hat dann immer noch niemand den Namen
erkannt, ist der nächste Spieler an der Reihe. Wer die meisten Orte erraten hat,
ist Sieger dieses Spiels.

# „Nein!“

**Ein Spiel für kluge Köpfe und beliebig viele Kinder**

### Spielbeginn:
Die Spieler setzen sich zu einem Kreis zusammen.
Es wird ausgezählt, wer beginnen darf.

### Das Spiel:
Der ausgezählte Spieler denkt sich ein Wort aus, z. B. „Auto“,
und ruft es laut in die Runde. Nun sagen die Mitspieler
nacheinander das ABC auf –
d. h. der erste sagt A, der zweite B, der dritte C usw.

Wenn ein Spieler an einen Buchstaben kommt,
der in dem Wort „Auto“ vorhanden ist, muss er ihn
durch das Wort „Nein!“ ersetzen. Bei diesem Beispiel wird also ein „Nein!“ anstelle
der Buchstaben A, O, T und U genannt. Wer einen Fehler macht, scheidet aus.
Gespielt wird für jedes Wort so lange, bis das ganze Alphabet durchgezählt ist.

Danach darf ein anderer Spieler ein neues Wort auswählen.

# Nur nicht fallen lassen

**Ein Spiel für beliebig viele Kinder, die das Gleichgewicht halten können**

## Zum Spiel benötigt man:
ein mittelgroßes Buch für jeden Mitspieler, bis auf einen

## Spielbeginn:
Alle Kinder erhalten ein Buch und stellen sich im Kreis auf. Ein Mitspieler, der vorher durch Auszählen ermittelt wird, bekommt kein Buch und stellt sich in die Mitte des Kreises.

## Das Spiel:
Die Kinder im Kreis setzen sich jeweils ein Buch auf den Kopf. Der Spieler in der Mitte macht eine Figur vor, z. B. stellt er sich auf ein Bein. Die „Buchträger" müssen sich nun ebenfalls auf ein Bein stellen. Wer sein Buch verliert, tauscht mit dem Kind in der Mitte und gibt die nächste Figur vor.

## Spielregel:
Figuren wie hüpfen und springen sind nicht erlaubt. Erlaubt sind beispielsweise Beine grätschen, in die Hocke gehen, hinknien, hinsetzen, langsam um die eigene Achse drehen, in die Hände klatschen, die Hände auf den Rücken legen oder Schritte vor, zurück und zur Seite. Der Fantasie sind hier keine Grenzen gesetzt. Fällt kein Buch herunter, ist der Spieler weiter an der Reihe.

# „Paar" oder „Unpaar"?

### Gespielt wird dieses Fingerspiel mit zwei Kindern

### Spielbeginn:
Zuerst müssen sich die Kinder darauf einigen, wer
„Paar" und wer „Unpaar" ist.

### Das Spiel:
Die beiden Spieler sitzen sich gegenüber und haben jeweils eine Hand zur Faust
geballt. Die Faust wird etwas hin und her bewegt und die beiden
Spieler sagen synchron zu den Handbewegungen
„Schnick, Schnack, Schnuck", öffnen dann gleichzeitig die Fäuste und strecken
dabei eine beliebige Anzahl an Fingern aus. Die dann zu sehenden Finger
beider Kinder werden zusammengezählt. Bei einer geraden
Anzahl gewinnt Paar, bei einer ungeraden Unpaar.

Hat z. B. ein Spieler „Paar" gewählt
und die geöffneten Hände zeigen vier Finger,
hat er gewonnen. Sind dagegen sieben Finger
zu sehen, hat der Spieler mit „Unpaar" gewonnen.
Sieger ist das Kind mit den meisten richtigen Vorhersagen.

# Reise nach Jerusalem

### Ein Spiel für beliebig viele Kinder

### Zum Spiel benötigt man:
Stühle (einen weniger als Mitspieler)
Musik

### Spielbeginn:
Eines der Kinder wird zum Ein- oder Abstellen der Musik ausgewählt und kann in der jeweiligen Runde nicht mitspielen. Die Stühle werden so aufgestellt, das ein Stuhl weniger da ist, als Kinder da sind.

### Das Spiel:
Wenn die Musik spielt, müssen die Kinder um die Stühle herum laufen. Sobald die Musik abgestellt wird, sucht sich jedes Kind einen freien Stuhl und setzt sich darauf. Wer übrig bleibt und keinen Stuhl erwischt hat, scheidet aus. Nun wird ein Stuhl weggenommen und die Musik wieder angestellt. Sieger ist, wer den letzten Stuhl ergattert.

# Welche Hand?

### Ein Ratespiel für zwei Kinder

### Zum Spiel benötigt man:
einen kleinen Gegenstand (Geldstück, Würfel etc.)

### Spielbeginn:
Es wird ausgezählt, wer beginnen darf. Die Spieler setzen
sich gegenüber.

### Das Spiel:
Der erste Spieler nimmt den Gegenstand so in eine Hand, dass das andere Kind
nicht sehen kann, in welcher Hand das Objekt verborgen ist (am besten tauscht er
es hinter dem Rücken). Dann streckt er beide geschlossenen Fäuste seinem
Mitspieler entgegen. Dieser hat jetzt die Aufgabe, zu erraten, in welcher Hand sich
der gesuchte Gegenstand befindet. Gelingt ihm dies, ist er mit dem Verstecken an
der Reihe. Es gewinnt der Spieler, der die meisten richtigen Antworten gegeben hat.

# Wer würfelt die Sechs?

### Ein rasantes Spiel für bis zu acht Kinder

### Zum Spiel benötigt man:
eine Tafel Schokolade (noch eingepackt)
Zeitungspapier
Kordel
ein Frühstücksbrett
einen Würfel
einen Schal
eine Mütze
ein Paar Handschuhe
ein Messer
eine Gabel

### Spielbeginn:
Die Schokolade wird in das Zeitungspapier eingepackt, mit der Kordel umwickelt
und verknotet. Die übrigen Gegenstände werden in die Mitte
des Tisches gelegt. Die Spieler setzen sich an einen Tisch
und würfeln reihum. Der Spieler mit dem höchsten
Wurf darf beginnen.

## Das Spiel:

Der erste Spieler darf würfeln. Wirft er eine Sechs, muss er so schnell wie möglich Schal, Mütze und Handschuhe nehmen und anziehen.
Daraufhin schnappt er sich Messer und Gabel und muss versuchen, die Tafel Schokolade auszupacken und mit dem Besteck zu schneiden. Inzwischen würfeln die Mitspieler im Uhrzeigersinn weiter. Sobald der Nächste eine Sechs gewürfelt hat, übernimmt dieser seinerseits die ganzen Sachen und versucht, die Schokolade zu öffnen. Das geht so weiter, bis es einem Spieler gelungen ist, das letzte Stück Schokolade zu essen.

## Spielregel:

„Wer würfelt die Sechs" ist ein wirklich lustiges Spiel. Damit das so bleibt, muss man z. B. darauf achten, dass dem Mitspieler nicht an den Haaren gezogen wird, wenn man ihm die Mütze vom Kopf reißt. Je schneller der Würfel weitergegeben wird und der Nächste eine Sechs würfelt, desto spaßiger ist das Spiel.

# Tischkegeln

## Ein Spiel für vier und mehr Kinder

### Zum Spiel benötigt man:
neun Papprollen (z. B. von Toilettenpapier)
einen Tischtennisball
Stift und Papier zum Notieren der Punkte

### Spielbeginn:
Die Papprollen werden in der Tischmitte eng aneinander aufgestellt,
und zwar in drei Reihen hintereinander.
Auf einem Block notiert man die Namen der Mitspieler.

### Das Spiel:
Die Kinder spielen abwechselnd. Mit dem Tischtennisball versuchen die Spieler nun,
möglichst viele Papprollen auf einmal umzukegeln. Dazu hat jeder drei Versuche.
Die Anzahl der umgefallenen Kegel wird auf dem Block unter dem jeweiligen
Namen festgehalten. Die Rollen werden erst wieder aufgestellt, wenn der nächste
Spieler an der Reihe ist. Sieger ist, wer nach zehn Runden die höchste Punktzahl
erreicht hat.

# Spiele mit
# Stift und Papier

# Galgenmännchen

**Ein Spiel für zwei Kinder - aber auch mehr Kinder sind möglich**

### Zum Spiel benötigt man:
für jeden Spieler ein Blatt Papier und einen Stift

### Spielbeginn:
Die Spieler setzen sich an einem Tisch gegenüber. Jeder Spieler erhält ein Blatt Papier und einen Stift.

### Das Spiel:
Beide Spieler überlegen sich nun ein längeres Wort.
Für die Anzahl der in dem Wort enthaltenen Buchstaben zieht jeder Spieler auf seinem Blatt Papier einen Strich. Z. B., das Wort „Kleiderschrank" enthält 14 Buchstaben = 14 Striche

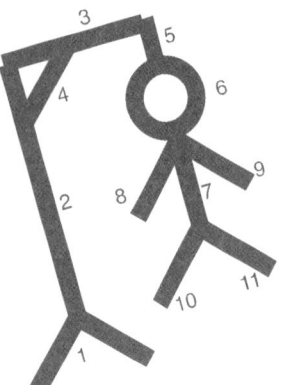

Die Spieler nennen nun abwechselnd einzelne Buchstaben des Alphabets in beliebiger Reihenfolge. Kommt der vorgeschlagene Buchstabe in dem jeweiligen Wort des Gegenspielers vor, muss dieser ihn – so oft er in dem Wort vorhanden ist – an entsprechender Stelle einsetzen. In diesem Beispiel bedeutet das: Sollte das „R" genannt werden, dass dieser Buchstabe auch zweimal eingesetzt wird.
So ergibt sich nach und nach das gesuchte Wort. Kommt ein vorgeschlagener Buchstabe darin jedoch nicht vor, zeichnet der Spieler, der den falschen Buchstaben genannt hat, den ersten Strich für das so genannte Galgenmännchen mit Galgenbaum.
Bei jedem nicht vorkommenden Buchstaben kommt ein Strich dazu. Es verliert, wer das Wort nicht herausfinden konnte und das Galgenmännchen vollständig gezeichnet hat.

# Käsekästchen

## Ein Spiel für zwei aufmerksame Kinder

### Zum Spiel benötigt man:
ein Blatt kariertes Papier (wie im Rechenheft)
einen Stift je Spieler, möglichst in unterschiedlichen Farben

### Spielbeginn:
Die beiden Spieler setzen sich an einen Tisch und jeder hat einen Stift. Das karierte Papier wird mit einem quadratischen oder rechteckigen Feld markiert. Die Spieler besprechen sich, welches Zeichen sie im späteren Spielverlauf in die Käsekästchen setzen wollen. Zur Auswahl stehen:

1. X
2. •

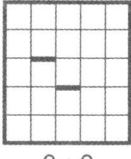

0 : 0

### Das Spiel:
Die Spieler setzen nun abwechselnd Striche in dieses Feld.

0 : 0

Ziel des Spiels ist es, dass die Kinder mit ihren kleinen Strichen möglichst viele Kästchen umschließen Gelingt es einem der Spieler, ein Kästchen zu schließen, setzt er sein Zeichen in dieses Kästchen (in diesem Fall ein X). Je weiter das Spiel geht und je mehr Striche gezogen werden, umso weniger kann man verhindern, dass der Gegner ein Kästchen gewinnt. Ein Spieler ist solange an der Reihe, wie es ihm gelingt, Kästchen einzuschließen. Kann er jedoch nur einen Strich ziehen, ist daraufhin das andere Kind an der Reihe.

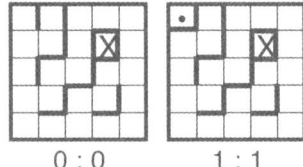

Das Spiel wird solange fortgesetzt, bis das Käsekästchen vollständig gefüllt ist.

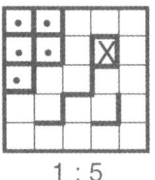

Sieger ist, wer die meisten Kästchen schließen und mit seinem Zeichen versehe konnte.

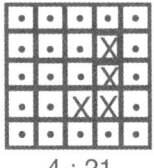

**Spielregel:**
Bei diesem Spiel ist es egal, wie groß das Käsekästchen ist. Je größer es aufgemalt wird, desto länger dauert das Spiel.

# Schiffe versenken

## Ein strategisches Spiel für zwei Kinder

### Zum Spiel benötigt man:
ein Blatt kariertes Papier pro Spieler
einen Stift pro Spieler

### Spielbeginn:
Die Spieler setzen sich an einen Tisch gegenüber und jeder hat Papier und Stift vor sich liegen. Außerdem sollten die Spieler eine hohe „Trennmauer" zwischen sich aufbauen, damit keiner auf das Blatt des anderen schauen kann.

### Das Spiel:
Jeder der beiden Spieler zeichnet auf seinem karierten Papier zuerst ein Quadrat von 10x10 Kästchen. An den linken Rand dieses Quadrats schreibt jeder von oben nach unten die Buchstaben a–j und am oberen Kästchenrand die Zahlen 1–10.

In diesen Kasten zeichnet nun jeder Spieler seine Flotte ein. Es gibt:
ein Schlachtschiff = 5 Kästchen
ein Kreuzer = 4 Kästchen
ein Zerstörer = 3 Kästchen
ein U-Boot = 2 Kästchen.

Jeder Spieler darf die Lage der Schiffe selbst bestimmen, die Boote dürfen sich dabei aber nicht berühren. Nun fängt einer der Spieler (zuvor bestimmen, wer beginnen darf) mit dem Beschuss an. Um ein gegnerisches Schiff zu treffen, gibt er eine „Koordinate" an. Er sagt z. B. „d 4". Der Gegenspieler sieht jetzt auf seinem Blatt nach, ob sich eins seiner Schiffe auf dieser Koordinate befindet und antwortet dementsprechend entweder mit „daneben" oder „Treffer". Sind alle Kästchen eines Schiffes getroffen, wird „versenkt" angesagt. Je nach Antwort markiert der Schießende die genannten Felder mit unterschiedlichen Zeichen für „daneben" oder „Treffer", damit er im weiteren Spielverlauf weiß, welche Koordinaten er bereits angegeben hat. Der Beschossene markiert seinerseits nur die Treffer, weil er ja ansagen muss, wenn ein Schiff versenkt wurde. Geht ein Schuss daneben, ist der andere Spieler an der Reihe. Gelingt einem Kind ein Treffer, gibt der Getroffene an, um welches Schiff es sich handelt und der Schütze darf weiterspielen.

Sieger des Spiels ist, wem es gelingt, die gegnerische Flotte vollständig zu versenken.

## Spielregel:

Die Größe des Spielfeldes und auch die Anzahl der Schiffe können erweitert werden, so verlängert sich das Spiel.

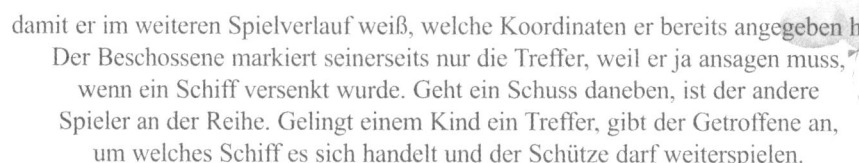

# Buchstabensalat

**Ein Spiel für zwei oder beliebig viele Kinder**

**Zum Spiel benötigt man:**
Papier
Stifte

**Spielbeginn:**
Die Spieler setzen sich an einen Tisch und jeder erhält Papier und Stift.

**Das Spiel:**
Die Spieler müssen sich einen Begriff, beispielsweise aus der Tierwelt,
ausdenken. Dieses Tier schreibt jeder als Buchstabensalat auf, z.B.:
Buchgaweinhäschen = Hängebauchschwein

Krüserwaskosodißl = Süßwasserkrokodil
Kallenbrimain = Brillenkaiman
Frolfeigischpft = Pfeilgiftfrosch

Die Spieler tauschen die Blätter aus und haben dann die Aufgabe, in einem
zuvor festgesetzten Zeitraum den Buchstabensalat aufzulösen. Wem dies zuerst
gelingt, hat das Spiel gewonnen.

**Spielregel:**
Selbstverständlich können sich die Spieler auch Begriffe aus anderen
Bereichen aussuchen. Zum Lösen der Buchstabensalate können sich
die Spieler Notizen machen, denn es geht einfacher, wenn man
dieBuchstaben „auseinanderpflückt"
und neu aufschreibt.

# Malen und raten

**Ein Spiel für beliebig viele Kinder**

**Zum Spiel benötigt man:**
einen Zeichenblock
einen Stift
eine Stoppuhr oder Eieruhr

**Spielbeginn:**
Die Spieler bilden zwei Mannschaften.
Es wird ausgezählt, welches Team beginnen darf.

**Das Spiel:**
Die Mannschaft, die beginnt, denkt sich einen Begriff aus.
Das gegnerische Team bestimmt ein Kind aus seinen Reihen, das jetzt die
Aufgabe hat, diesen Begriff auf den Zeichenblock zu malen.
Dazu wird dem „Zeichenkind" der Begriff möglichst leise, damit ihn der Rest seiner
Mannschaft nicht hören kann, ins Ohr geflüstert. Jetzt wird der Begriff, z.B. Schornsteinfeger, von dem Zeichenkind gemalt und muss von seinen Teamkollegen in einer
bestimmten Zeit erraten werden. Die gegnerische Mannschaft drückt dazu die Stoppuhr. Gelingt es der Ratemannschaft, in der vorgeschriebenen Zeit den Begriff heraus-
zubekommen, darf sie erneut raten. Wenn sie es nicht schafft, ist das andere Team an
der Reihe. Gewonnen hat, wer die meisten Begriffe herausfinden konnte.

### Spielregel:

Einmal aufgemalt, darf die Zeichnung nicht mehr verbessert oder geändert werden. Die jeweiligen Mannschaften dürfen bereits beim ersten Zeichenstrich Begriffe nennen. Gespielt wird so lange, bis jedes Kind aus beiden Mannschaften einmal das Zeichenkind gewesen ist. Es können auch schwierige Begriffe wie z. B. Rosenmontagszug, Schulschwänzer, Dachlawine oder Straßenbau gewählt werden – der Fantasie sind hier keine Grenzen gesetzt.

# Stadt - Land - Fluss

## Ein Spiel ab zwei oder für beliebig viele Kinder

### Zum Spiel benötigt man:
Schreibpapier für jeden Spieler
einen Kugelschreiber pro Spieler

### Spielbeginn:
Jedes Kind notiert auf den oberen Rand seines Schreibpapiers:

Stadt   Land   Fluss   Tier   Name   Beruf   Punkte

### Das Spiel:
Ein Spieler beginnt mit der Aufzählung des Alphabetes. Dazu spricht er aber nur das
„A" laut aus. Die übrigen Buchstaben sagt er in Gedanken weiter auf. Ein anderer
Spieler ruft nach einer gewissen Zeit „Stopp". Der Buchstabe, bei dem der Spieler
gerade ist (z. B. „H"), wird dann laut angesagt. Nun hat jeder Spieler die Aufgabe, so
schnell wie möglich mit dem genannten Anfangsbuchstaben eine Stadt, ein Land usw.
in die entsprechenden Felder zu schreiben.
Beispiel:

| Stadt | Land | Fluss | Tier | Name | Beruf | Punkte |
|-------|------|-------|------|------|-------|--------|
| Hamm | Honduras | Havel | Hase | Heidi | Hausmeister | |

Wer zuerst alle Spalten füllen konnte, ruft laut „Stopp". Sofort müssen alle Spieler die
Stifte beiseite legen und dürfen nicht weiterschreiben. Nun geht es an die Vergabe der
Punkte. Die Spieler lesen sich dazu gegenseitig vor, was sie gefunden haben und
tragen sich die Punkte ein.

Punktewertung:
5 Punkte bei Gleichheit von Stadt, Land, Fluss usw. 10 Punkte, wenn ein Begriff nur einmal vorkommt, aber andere Kinder ebenfalls einen Namen in der jeweiligen Kategorie finden konnten25 Punkte gibt es für den Spieler, der als einziger einen Begriff gefunden hat.

# Spiele für „helle Köpfe"

Bei den Spielen für „helle Köpfe" heißt es: Aufpassen! Die Kinder müssen sich bei einigen Spielen Gegenstände oder Zahlen merken und die richtigen Antworten geben, was bedeutet, dass man sich viel merken muss. Der Vorteil bei diesen Spielen ist: Man kann sie sowohl in der Wohnung als auch – bei schönem Wetter – im Garten spielen. Wenn Kinder in unterschiedlichen Altersstufen bei diesen Spielen mitmachen, können die älteren Kinder etwas nachsichtig mit den „Kleinen" sein und hin und wieder etwas Hilfestellung leisten.

# Ich packe meinen Koffer

**Ein Spiel für beliebig viele Kinder**

**Spielbeginn:**
Es wird ausgezählt, wer beginnen darf.

**Das Spiel:**
Gespielt wird abwechselnd und im Uhrzeigersinn. Der erste Spieler
beginnt mit der Ansage:
„Ich packe meinen Koffer und nehme mit … (hier muss er einen Begriff
nennen, z. B. „meine Zahnbürste)".
Der zweite Spieler ist jetzt an der Reihe und auch er sagt:
„Ich packe meinen Koffer und nehme mit …". Jetzt muss er den Begriff seines Vordermannes nennen und einen eigenen Begriff hinzufügen, also beispielsweise:
„ … meine Zahnbürste und ein Paar Socken".

Jeder weitere Spieler muss mit „Ich packe meinen Koffer und nehme
mit …" beginnen und dem zuvor Aufgeführten einen eigenen Begriff
anhängen. Im weiteren Verlauf des Spiels wird die Liste immer länger,
so dass man höllisch aufpassen muss, um keinen Gegenstand zu vergessen.

**Spielregel:**
Wer einen Gegenstand vergisst, scheidet aus. Gewonnen hat,
wer am Ende alle Begriffe fehlerlos aufsagen konnte.

# Rippel Tippel

### Ein lustiges Spiel für möglichst viele aufmerksame Kinder

### Zum Spiel benötigt man:
einen Augenbrauenstift (von einem Erwachsenen
ausleihen)

### Spielbeginn:
Die Spieler setzen sich im Kreis entweder auf den Boden oder an einen Tisch. Jeder
Spieler ist ein „Rippel Tippel" und erhält eine Zahl, am besten im Uhrzeigersinn. Das
heißt, der Erste ist Rippel Tippel 1, der Zweite Rippel Tippel 2,
der Dritte Rippel Tippel 3 usw.

### Das Spiel:
Der erste Spieler beginnt mit folgender Ansage:
„Rippel Tippel 1 ohne Tippel ruft Rippel Tippel 3 ohne Tippel (er darf den Mitspieler
seiner Wahl rufen)". Dieser antwortet nun z. B.: „Rippel Tippel 3 ohne Tippel ruft
Rippel Tippel 4 ohne Tippel". Wer sich dabei vertut, bekommt mit dem Augenbrauen-
stift einen „Tippel" (einen Punkt) ins Gesicht gemalt. Mit einem Tippel im Gesicht ist
dieser Rippel Tippel dann nicht mehr ohne Tippel. Seine Ansage lautet daher z. B.:
„Rippel Tippel 1 mit einem Tippel ruft Rippel Tippel 3 ohne Tippel".

### Spielregel:
Bei diesem Spiel sollte man sehr gut aufpassen.
Denn man muss immer die Anzahl aller Tippel behalten und
auch aufsagen. Wer sich bei der Anzahl der eigenen Tippel vertut,
erhält einen weiteren Tippel. Wer sich verspricht oder
sich bei der Menge der Tippel beim Gegner vertut,
erhält ebenfalls einen Tippel.
Wer am Schluss die wenigsten Tippel hat, ist Sieger.

# Falsche Antwort

### Ein Spiel für vier oder mehr Kinder

### Spielbeginn:

Die Spieler stellen sich in einem Kreis auf.
Ein Kind wird ausgezählt und stellt sich in die Mitte des Kreises.

### Das Spiel:

Der Spieler im Kreis stellt reihum an jeden Mitspieler unterschiedliche Fragen. Diese dürfen aber nicht sofort beantwortet werden, sondern jedes Kind gibt immer nur die Antwort auf die vorangegangene Frage. Das bedeutet: Nachdem die erste Frage gestellt wurde, antwortet der erste Gefragte mit „Ich weiß nicht!".

Ein Beispiel, wie es weiter gehen kann:
Frage: „Wie heißt du?" -  1. Kind: „Ich weiß nicht!".
Frage: „Bist du krank?" - 2. Kind: „ Vanessa".
Frage: „Wo wohnst du?" - 3. Kind: „Nein!".
Frage: „Bist du müde?" 4. Kind: „Herbert-Straße" usw.

### Spielregel:

Je schneller gefragt wird, desto öfter werden Fehler gemacht.
Wer die falsche Antwort gibt, scheidet aus. Wer am Schluss übrig bleibt,
hat gewonnen.

# Berufe raten

### Ein Ratespiel für beliebig viele Kinder

### Spielbeginn:
Es wird ausgezählt, wer beginnen darf. Die übrigen Spieler setzen sich auf den Boden.

### Das Spiel:
Der Spieler, der beginnen darf, stellt sich vor seinen Mitspielern auf. Er denkt sich einen Beruf aus, z. B. Schneider. Jetzt muss er eine für einen Schneider typische Handbewegung nachmachen. Die anderen Spieler müssen nun Fragen stellen und herausfinden, welcher Beruf gesucht wird.

### Spielregel:
Die Fragen müssen eindeutig gestellt werden und dürfen nur mit „Ja" oder „Nein" beantwortet werden. Mehr als 10 Fragen sind nicht erlaubt. Wenn es nicht gelingt, den Beruf herauszufinden, kann das entsprechende Kind weiterspielen. Errät ein Spieler jedoch den Begriff, ist er an der Reihe und darf sich nun selbst einen anderen Beruf ausdenken.

# Die unerwünschte Zahl

### Ein Spiel für beliebig viele sehr aufmerksame Kinder

### Spielbeginn:
Die Spieler setzen sich an einen Tisch oder auf den Boden.

### Das Spiel:
Zuerst wird die unerwünschte Zahl vereinbart. Zu Anfang, wenn man das Spiel noch
nicht so gut beherrscht, sollte eine Zahl unter Zehn gewählt werden.
Nun zählen die Kinder reihum schnell von 1 bis 100. Allerdings müssen alle Zahlen,
in denen die unerwünschte Zahl vorkommt, übersprungen werden. Wurde z. B.
die „3" vereinbart, dürfen die Zahlen 3, 13, 23, 30 bis 39, 43, 53 und so weiter nicht
genannt werden.

### Spielregel:
Wer die unerwünschte Zahl nennt, muss aussetzen und darf erst in der
nächsten Runde wieder mitspielen.

### Variante für kühne Rechner:
Das Spiel kann noch erschwert werden. Z. B., Zahlen, die durch die unerwünschte
Zahl dividiert werden können, dürfen ebenfalls nicht erwähnt werden. Im genannten
Fall „3" müssen die Kinder also auch 6, 9, 12, 15 usw. auslassen.

# Weitersagen

### Ein Spiel für zwei oder mehr Kinder

### Spielbeginn:

Es wird ausgezählt, wer beginnen darf. Die Kinder setzen sich in einem Kreis
zusammen. Gespielt wird im Uhrzeigersinn.

### Das Spiel:

Das erste Kind denkt sich einen Begriff aus, den es laut nennt. Das zweite Kind lässt
nun ein neues Wort folgen, das mit dem letzten Buchstaben des zuvor genannten Wor-
tes beginnen muss. Hat das erste Kind z. B. Baum gesagt, muss das folgende Wort
mit einem „M" beginnen, z. B. Maiglöckchen. Der nächste Spieler wählt dann ein
Wort mit dem Anfangsbuchstaben „N" usw.

### Spielregel:

Bei diesem Spiel muss pro Runde ein Begriff aus einem bestimmten Bereich genannt
werden. Das sollte zuerst abgesprochen werden. Mögliche Bereiche sind z. B.
Pflanzen, Tiere, Technik, Prominente oder Berufe.Ein bereits genanntes Wort darf
nicht noch einmal verwendet werden. Wer kein neues Wort mehr findet, scheidet aus.

# Noch mehr Geschicklich-keitsspiele

Lasst uns raus gehen, das Wetter ist so schön!
Lasst und Freundinnen und Freunde anrufen, wir können draußen
zusammen spielen!
Aber was? Vielleicht Eierlaufen, Dosenwettlauf oder Sackhüpfen?
Sollen wir das einmal ausprobieren?
Auf den nächsten Seiten dieses Buches gibt es jede Menge Spiele
für draußen. Zum Glück gibt es heute wieder mehr
verkehrsberuhigte Straßen, manche Freundinnen und Freunde
haben zuhause einen Garten – und ein Park ist bestimmt
in der Nähe. Hauptsache, raus gehen und spielen!

# Luftballon rasieren

### Ein lustiges Spiel für zwei und mehr Kinder

### Zum Spiel benötigt man:
eine große Anzahl Luftballons
(je nach Anzahl der Mitspieler)
Rasierschaum
ein scharfes Messer pro Mitspieler

### Spielbeginn:
Jeder Mitspieler erhält einen Luftballon und bläst diesen
möglichst vollständig auf.

Die Luftballons müssen anschließend auf einer Seite mit dem Rasierschaum
eingeschäumt werden.

### Das Spiel:
Jeder Spieler muss seinen Luftballon rasieren, ohne diesen zum
Platzen zu bringen.
Wem das gelingt, hat gewonnen.

### Spielregel:
Der Rasierschaum darf nur mit dem Messer abrasiert werden.
Wer mit den Händen nachhilft, muss ausscheiden.
Bei diesem Spiel dürfen Kleinkinder nicht mitmachen.

# Füttern

### Ein Spiel für zwei oder mehr Kinder

### Zum Spiel benötigt man:
einen Schal zum Verbinden der Augen
etwas Leckeres zum Naschen, z. B. Pudding, Joghurt, Eis
einen Teelöffel pro Mitspieler
evtl. Handtücher zum Abdecken der Kleidung

### Spielbeginn:
Wenn mehr als zwei Kinder mitmachen, müssen Paare gebildet werden. Es spielt
immer nur ein Paar. Ist die jeweilige Runde beendet, spielt das nächste Paar.
Die Kinder entscheiden, was sie am liebsten essen
möchten (Pudding, Joghurt, Eis).

### Das Spiel:
Das Spielerpaar setzt sich an einen Tisch gegenüber. Einer der Spieler bekommt das
„Futter", einen Löffel und ihm werden die Augen mit dem Schal verbunden.
Das andere Kind muss die Hände auf den Rücken legen und darf sich
nicht bewegen. Nun versucht der Spieler mit den verbundenen Augen,
seinen Mitspieler zu füttern.

### Spielregel:
Der Spieler, der gefüttert wird, darf sich zwar nicht bewegen, damit aber nicht
so viel leckeres Eis daneben geht, darf er seinem Mitspieler Kommandos
geben. Ist alles verfüttert, werden die Rollen getauscht. Einen richtigen
Sieger gibt es bei diesem Spiel nicht – aber eigentlich hat jeder gewonnen,
der es schafft, möglichst viel „Futter" zu bekommen.

# Zielen muss man können

Ein Spiel für zwei oder mehr Kinder

## Zum Spiel benötigt man:
eine Kordel
einen Stift
eine Flasche

## Spielbeginn:
Jedes Kind schneidet sich ein 1–1,5 Meter langes Stück Kordel ab.
Es wird ausgezählt, wer beginnen darf. An dem einen Ende der Kordel muss
dieser Spieler jetzt den Stift befestigen. Das andere Ende muss er um den Bauch
binden, sodass das Ende mit dem Stift etwas bis zur Oberschenkelmitte
herunterhängt.

## Das Spiel:
Der Spieler muss sich jetzt über eine Flasche stellen und versuchen den Stift,
der an der Kordel hängt, in diese Flasche zu versenken.

## Spielregel:
Je nach Größe des Spielers muss die Länge der Kordel angepasst werden.
Je größer ein Kind ist, desto länger sollte natürlich die Kordel sein.

Schwerer wird das Spiel, wenn die Kordel mit dem Stift über das „Hinterteil" läuft.
Nach einer zuvor festgesetzten Zeit muss der Stift in die Flasche bugsiert
werden. Wem das gelingt, hat gewonnen.

# Kopfkünstler

### Ein Spiel für beliebig viele Kinder

### Zum Spiel benötigt man:
ein Buch als Unterlage pro Spieler
ein Blatt Papier pro Spieler
einen Stift pro Spieler

Auf das Buch kann man verzichten, wenn
jeder Spieler einen Malblock erhält.

### Spielbeginn:
Die Kinder ermitteln, wer mit dem Spiel beginnen darf.
Der erste Spieler legt das Papier auf ein Buch und
setzt dies auf seinen Kopf.

### Das Spiel:
Jetzt besprechen die übrigen Spieler, welchen Gegenstand der
„Kopfkünstler" aufmalen soll. Den genannten Begriff muss er dann
möglichst genau auf das Blatt über dem Kopf zeichnen.

### Spielregel:
Die Begriffe sollten möglichst den gleichen Schwierigkeitsgrad haben.
Es ist sonst ungerecht, wenn beispielsweise ein Spieler ein Haus und ein anderer
ein Schloss mit Burggraben malen muss. Die Zeichnungen sollten nach einer
vorher festgelegten Zeit fertig gestellt werden. Noch interessanter
wird das Spiel, wenn nur ein Mitspieler vorgibt, was gemalt werden
soll und die anderen dann erraten müssen, welchen Begriff
die Zeichnung darstellt.

# Knöpfchenspiel

### Ein Spiel für beliebig viele geschickte Kinder

### Zum Spiel benötigt man:
ein kleines Gefäß, z. B. eine Tasse oder ein Glas
fünf Knöpfe je Spieler
evtl. Bleistift und Papier

### Spielbeginn:
Es wird ausgezählt, welcher Spieler beginnen darf. Das Gefäß wird
auf den Tisch gestellt.

### Das Spiel:
Jeder Spieler ist nacheinander mindestens einmal an der Reihe.
Das erste Kind muss versuchen, einen Knopf mithilfe eines zweiten Knopfes
in das Gefäß zu schnipsen. Dazu wird der „Wurfknopf" etwa 20–25 cm von dem
Gefäß entfernt platziert. Der Spieler nimmt einen weiteren Knopf zwischen Daumen
und Zeigefinger und setzt ihn an den Rand des Wurfknopfs auf und drückt kräftig
nach unten. Dadurch „springt" der Wurfknopf hoch und landet mit etwas Glück
in dem Gefäß. Wenn ein Kind alle seine Knöpfe verschossen hat, ist der
nächste Spieler an der Reihe.
Das Spiel gewinnt, wer am häufigsten in das Gefäß trifft.

### Spielregel:
Da dieses Spiel etwas Übung verlangt, werden sicherlich
mehrere Runden gespielt. Deshalb ist es ratsam, die Anzahl der Knöpfe,
die man versenken konnte, auf einem Blatt zu notieren, damit am Schluss
der Sieger ermittelt werden kann. Je nach Geschicklichkeit der einzelnen Spieler kann
man die Entfernung zum Gefäß variieren. Außerdem erschweren unterschiedlich hohe
Gefäße das Spiel und machen es für besonders gute Spieler interessanter.

# Hier können die „ganz Kleinen" mitspielen

Viele alte Spiele machen vor allen Kindergartenkindern Spaß.
Und das Schöne an ihnen ist, dass auch ältere Kinder, zum Beispiel
größere Geschwister, gerne mitspielen. Zum Glück werden in vielen Kindergärten
vor allem die alten Singspiele noch gerne gebraucht, aber leider fällt einem
das Lied nicht mehr richtig ein, wenn man zuhause ist und plötzlich Lust
bekommen hat, es im Spiel zu singen.
Hier folgen einige dieser Spiele mit den Liedtexten –
wie „Grün, grün, grün sind alle meine Kleider"
oder „Machet auf das Tor".

# Ich bin ein dicker Tanzbär

## Ein Spiel für beliebig viele Kinder

### Spielbeginn:
Ein Kind wird als erster „dicker Tanzbär" ausgezählt. Die übrigen Kinder
stellen sich im Kreis auf.

### Das Spiel:
Der Tanzbär läuft singend (Text s. u.) in der Kreismitte umher. Dabei streckt er seinen
Bauch raus und zeigt dabei mit beiden Händen auf seinen dicken Bauch.
Bei "Ich such mir einen Freund aus" nimmt es ein anderes Kind mit in die
Kreismitte. Weiter singend reichen die beiden sich die Hände und tanzen
miteinander von einem Bein auf das andere. Danach laufen die beiden Bären
im Kreis umher, suchen sich jeder einen neuen Freund und tanzen mit ihm erneut
„von einem auf das andre Bein".
So geht das Spiel immer weiter bis alle im Kreis als Tanzbären mittanzen.

### Liedtext
*Ich bin ein dicker Tanzbär und komme aus dem Wald.*
*Ich such mir einen Freund aus und finde ihn schon bald.*
*Ei, wir tanzen ja so fein von einem auf das andre Bein.*
*Ei, wir tanzen ja so fein von einem auf das andre Bein.*

*Wir sind zwei dicke Tanzbär'n und kommen aus dem Wald.*
*Wir suchen einen Freund aus und finden ihn schon bald.*
*Ei, wir tanzen ja so fein von einem auf das andre Bein.*
*Ei, wir tanzen ja so fein von einem auf das andre Bein.*

*Wir sind vier dicke Tanzbär'n und kommen aus dem Wald.*
*Wir suchen einen Freund aus und finden ihn schon bald.*
*Ei, wir tanzen ja so fein von einem auf das andre Bein.*
*Ei, wir tanzen ja so fein von einem auf das andre Bein.*

Wir sind acht dicke Tanzbär'n und kommen aus dem Wald.
Wir suchen einen Freund aus und finden ihn schon bald.
Ei, wir tanzen ja so fein von einem auf das andre Bein.
Ei, wir tanzen ja so fein von einem auf das andre Bein.

Wir sind viele dicke Tanzbär'n und kommen aus dem Wald.
Wir suchen einen Freund aus und finden ihn schon bald.
Ei, wir tanzen ja so fein von einem auf das andre Bein.
Ei, wir tanzen ja so fein von einem auf das andre Bein.

# Hoch am Himmel

### Ein Singspiel für beliebig viele Kinder

### Spielbeginn:
Alle Kinder stellen sich im Kreis auf. Es wird ein Kind bestimmt, das anfangen darf.
Danach geht es im Uhrzeigersinn weiter.

### Das Spiel:
Alle Kinder singen den Liedtext (s. u.). Wenn „Hoch am Himmel" gesungen wird,
strecken sich die Kinder so weit sie können nach oben. Bei „tief auf Erden" bücken
sie sich nach unten. Bei „rundherum ist Sonnenschein" drehen sich alle Kinder im
Kreis. Bei „wenn ich mal ein Tier gern wäre" denkt sich das ausgezählte Kind ein
Tier aus (z.B. einen Hund) und macht die Bewegung des entsprechenden Tieres nach.
Die anderen Kinder machen das Tier ebenfalls nach. Dann wird weiter gesungen und
das nächste Kind ist an der Reihe, ein Tier auszuwählen.

### Text
Hoch am Himmel, tief auf Erden
rund herum ist Sonnenschein.
Wenn ich mal ein Tier gern wäre
möchte ich ein(e) ... (Namen einsetzen) sein.

### Variante:
Wenn ein Tier ausgesucht wurde, kann die Darstellung auch mit dem entsprechenden
Tierlaut unterstützt werden, d. h., bei einem Hund wird gebellt, bei einem Vogel
gepiept, bei einer Katze miaut usw.

# Machet auf das Tor

### Ein Spiel für viele Kinder

### Spielbeginn:
Es stellen sich zwei Kinder (oder Erwachsene) gegenüber, reichen sich die Hände und halten diese hoch. So bilden sie ein Tor.

### Das Spiel:
Die anderen Kinder laufen durch das Tor und singen das Lied (Text s. u.).
Bei dem Wort „haben" (kann beliebig lang gezogen werden) wird das Tor geschlossen, indem die Arme runtergelassen werden. Das Kind, welches gerade hindurch laufen wollte, wird dadurch gefangen. Das gefangene Kind muss sich nun entscheiden, ob es Engelchen oder Teufelchen sein möchte.
Entscheidet es sich für Engelchen, setzt es sich auf die Arme des Tors (also der beiden anderen Kinder). Es wird getragen und hin und her geschaukelt.
Dabei wird gesungen: „Die Engelchen werden getragen auf einem goldenen Wagen, bis in den Himmel hinein". Dann wird es sanft auf den Boden gestellt.
Bei Teufelchen bleibt das Kind in dem geschlossenen Tor stehen und wird hin und her „geschüttelt". Dabei singen die Kinder: „Die Teufelchen werden geschüttelt, gerüttelt, bis in die Hölle hinein!". Dann öffnet sich das Tor und das Teufelchen wird – nur mit leichtem Schwung – hinausgeworfen.
Danach beginnt das Spiel von neuem.

### Liedtext
*Machet auf das Tor, machet auf das Tor,*
*es kommt ein goldener Wagen.*
*Was will er, will er denn?*
*Was will er, will er denn?*
*Er will die Schönste haben!*

(altes Volkslied)

123

# Ringlein, Ringlein, du musst wandern

## Ein Spiel für viele Kinder

### Zum Spiel benötigt man:

einen kleinen Ring (es geht auch ein anderer kleiner Gegenstand)

### Spielbeginn:

Zuerst wird ausgezählt, wer anfangen darf. Die anderen Kinder
stellen sich im Kreis auf.

### Das Spiel:

Das ausgezählte Kind stellt sich in die Kreismitte. Die Kinder im Kreis
reichen jetzt hinter dem Rücken (also versteckt, damit das Kind in der
Mitte nichts sehen kann) einen Ring von einem zum anderen und singen dabei
das Lied (Text s. u.). Am Schluss des Lieds muss das Kind erraten, wer den Ring
in den Händen hält. Rät es richtig, tauscht es die Plätze mit dem „Ringträger",
liegt das Kind falsch, bleibt es in der Mitte.

### Liedtext

*Ringlein, Ringlein, du musst wandern*
*von dem einen zu dem andern.*
*Das ist hübsch, das ist schön.*
*Lasst das Ringlein nur nicht seh'n.*

## Spielregel:

Das Weitergeben des Ringleins ist nicht zwingend. Um das Kind in der Mitte „hinters Licht" zu führen, kann der Ring auch beim ersten Kind im Kreis verbleiben und die übrigen Kinder tun nur so, als ob der Ring weitergegeben wurde. Natürlich darf nach Ende des Lieds der Ring nicht mehr weitergereicht werden.

# Grün, grün, grün sind alle meine Kleider

## Ein Spiel für beliebig viele Kinder

### Spielbeginn:
Alle Kinder stellen sich im Kreis auf.

### Das Spiel:
Alle Kinder singen den Liedtext (s. u.).
Jedes Kind, das ein Kleidungsstück in der besungenen Farbe trägt,
läuft schnell in den Kreis und springt herum und versucht den angegebenen Schatz
(Förster, Bäcker usw.) darzustellen. Es springt so lange herum,
bis die nächsten Kinder in den Kreis kommen.

### Liedtext
Aus Pommern stammend: in vielen Textvarianten seit
Anfang des 19. Jahrhunderts in ganz Deutschland verbreitet

*Grün, grün, grün sind alle meine Kleider,*
*grün, grün, grün ist alles, was ich hab'.*
*Darum lieb' ich alles, was so grün ist,*
*weil mein Schatz ein Förster, Förster ist.*

*Weiß, weiß, weiß sind alle meine Kleider,*
*weiß, weiß, weiß ist alles, was ich hab'.*
*Darum lieb' ich alles, was so weiß ist,*
*weil mein Schatz ein Bäckermeister ist.*

Rot, rot, rot sind alle meine Kleider,
rot, rot, rot ist alles, was ich hab'.
Darum lieb' ich alles, was so rot ist,
weil mein Schatz ein Feuerwehrmann ist.

Blau, blau, blau sind alle meine Kleider,
blau, blau, blau ist alles, was ich hab'.
Darum lieb' ich alles was, so blau ist,
weil mein Schatz ein Matrose ist.

Schwarz, schwarz, schwarz sind alle meine Kleider,
schwarz, schwarz, schwarz ist alles, was ich hab'.
Darum lieb' ich alles, was so schwarz ist,
weil mein Schatz ein Schornsteinfeger ist.

Gelb, gelb, gelb sind alle meine Kleider,
gelb, gelb, gelb ist alles, was ich hab'.
Darum lieb' ich alles, was so gelb ist,
weil mein Schatz ein Kranführer ist.

Braun, braun, braun sind alle meine Kleider,
braun, braun, braun ist alles, was ich hab'.
Darum lieb' ich alles, was so braun ist,
weil mein Schatz ein Landwirt, Landwirt ist.

## Quellennachweis

100 Schulspiele von dem Lehrerkollegium zu Schlettau i. Erzgeb.., Dresden, Huhle, 1893
Deutsches Volksliederarchiv
P. F. L. Hoffmann, Das Stäbchenlegen Nr. 2, Verlag C. Adler, Hamburg, 1866
R. LÖWENSTEIN, Kindergarten, Gedichte, Berlin, Trautwein, 1846.
www.kinderspiele-welt.de

# Ebenfalls im Programm des Regionalia Verlages

ISBN 978-3-939722-38-0

„Allerley Spielerey" heißt dieses Buch, das allerley Kurzweyl beschert. Sage und schreibe siebzig mittelalterliche Spiele werden in diesem Buch aufgeführt – in einer Weise, dass sie problemlos nachgespielt werden können: Kubb und Höckeln, Sauball, Malorta, Bulka und Hnefatafl, Nagelschlagen, Baumfußball, Kurierschach undundund …

„Man bekommt ein Buch in optisch und qualitativ schöner Ausstattung mit sehr hohem Gebrauchswert, praxisorientiert und für den Mittelaltermarkt wie auch für zu Hause bestens geeignet. Sollte man sich nicht entgehen lassen!" KARFUNKEL

128 Seiten
Format: 16,5 x 19,8 cm
Gebunden
€ 6,95

ISBN 978-3-939722-32-8

Die Spielleidenschaft der Römer, ob jung oder alt, kannte keine Grenzen. Und sie ist heute noch ansteckend! 70 Spiele mit dem Ball, mit Nüssen oder Steinen und mit Würfeln, Brettspiele, Lauf- und Fangspiele sind in diesem Buch aufgeführt, allesamt problemlos nachzuspielen. Jedes Spiel wird erklärt und mit Skizzen verdeutlicht.

„… und die Möglichkeit, antike Spiele nachzuspielen, machen den Reiz dieser Veröffentlichung aus, die sich ihrem Thema … über die Praxis nähert. In Kombination mit der Schonung des eigenen Portemonnaies ein unschlagbares Angebot." ZILLO MEDIEVAL

128 Seiten
Format: 16,5 x 19,8 cm
Gebunden
€ 6,95